Ruth White

Arbeit mit den Chakren

Ruth White

ARBEIT MIT DEN CHAKREN

Persönliche Entwicklung und Heilung durch Chakraenergien

Aus dem Englischen von Irma Ben Hamida

SYNTHESIS

Für Grace Goodman, ihre weise Anteilnahme, ihre Lebensfreude, ihre Großherzigkeit und unermüdliche Unterstützung.

Titel der amerikanischen Originalausgabe:
Working with your Chakras
erschienen bei Judy Piatkus Ltd, London

Cover: Dragon Design, GB
Typografie und Satz: Dragon Design
Gesetzt aus der Goudy (gehöht)

ISBN 3-922026-09-5

Inhalt

	Vorwort von Professor Eric Gomes	7
Kapitel 1	Das Erforschen der Chakren	10
Kapitel 2	Eine erlebte Geschichte	21
Kapitel 3	Das Wurzelchakra	27
Kapitel 4	Das Sakralchakra	44
Kapitel 5	Das Solarplexuschakra	61
Kapitel 6	Das Herzchakra	74
Kapitel 7	Das Kehlchakra	85
Kapitel 8	Das Stirnchakra	99
Kapitel 9	Das Kronenchakra	109
Kapitel 10	Die Bedeutung der neuen Chakren	119
Kapitel 11	Das Alter-major-Chakra	121
Kapitel 12	Das Basischakra	131
Kapitel 13	Das Harachakra	137
Kapitel 14	Das Zentrum bedingungsloser Liebe	143
Kapitel 15	Das Chakra des dritten Auges	149
Kapitel 16	Antworten auf häufige Fragen	155
Kapitel 17	Betrachtungen zu einigen Chakraenergien unserer Zeit	165
	Glossar	168
	Über die Autorin	174

Dank

Viele Freunde haben mir bei der Entstehung dieses Buches geholfen – durch praktische Unterstützung und Worte der Ermutigung. Ihnen allen danke ich, dass sie für mich da waren und meine Arbeit bis zum Schluss geduldig begleitet haben.

Mein besonderer Dank gilt Lorna St. Aubyn für ihre unermüdliche Hilfsbereitschaft und umfassende Unterstützung, Prof. Eric Gomes für die anregenden Diskussionen, meiner Tochter Jane für den praktischen Beistand, Hugh Dunsford-Wood für die Abbildung im ersten Kapitel und vor allem Tony Van den Bergh für seine liebevolle, humorgewürzte und akribische Korrektur des Manuskripts.

Vorwort

Unsere Gesellschaft hat den Kontakt verloren zu den Prinzipien des Maßes, der Harmonie und der Einheit, die zu dem Wissen und der Ausdrucksform vieler alter Kulturen gehörten. Obwohl das Interesse an diesen göttlichen Dimensionen während der Renaissance wieder auflebte und seine Umsetzung fand, wird in unserem gegenwärtigen Verhältnis zur Natur deutlich, dass uns der Sinn für Verbundenheit oder Synthese fast vollständig abhanden gekommen ist.

In einem sich wandelnden Denken sind wir wieder einmal auf der Suche nach spirituellen ewigen Werten. Dies ist gewiss einer der Hauptgründe für das große Interesse am Chakrasystem und für die Vielzahl von Büchern und Abbildungen, die zu diesem Thema erscheinen, sowie für die Workshops, die sich damit beschäftigen.

Was ist nun dieses Chakrasystem? Die meisten klassischen esoterischen Bücher beschreiben es als ein in Indien überliefertes Verständnis der Energieströme im menschlichen Körper.

Weniger bekannt ist die Tatsache, dass dieses System in der westlichen Welt Anerkennung fand und bei den Maßen und Proportionen einiger unserer großen Kathedralen angewendet wurde.

Das alte indische Yoga beschreibt als wesentliche Struktur des menschlichen Energiekörpers sechs Zentren oder Chakren. Diese wiederum entsprechen verschiedenen Bewusstseinsebenen und werden oft als *padmas* oder Lotusblüten dargestellt. Ein siebtes Chakra oberhalb des Kopfes wird ebenfalls dazugezählt, gehört allerdings in der indischen Tradition nicht unmittelbar zum menschlichen Körper.

Neben diesen sechs plus eins Hauptchakren gibt es viele weitere Energiewirbel, die für Gestaltung und Aufbau des physischen Körpers entscheidend sind: in den Schultern, Ellenbogen, Handgelenken, Hüften, Knien und Fußgelenken. Meine eigene Arbeit hat mir bewusst gemacht, dass es weit mehr Energiezentren im Körper gibt als gemeinhin beschrieben. Jeder Rückenwirbel ist beispielsweise von einer feinen Bewegung belebt – das lateinische *vertere* bedeutet »drehen« und *vertebra* der »Wirbel«.

Man könnte das gesamte Chakrasystem mit einem Magnetfeld vergleichen, bei dem sich Eisenspäne zu einem Muster ordnen. In ähnlicher Weise wird der physische Körper des Menschen von seinem Energiefeld strukturiert.

Im indischen Chakrasystem befindet sich jeweils ein Schriftzeichen des Devanagari oder Sanskritalphabets auf jedem Blütenblatt der ersten sechs Chakren. Die Rhythmen, die durch diese Zeichen in den Chakren entstehen, entsprechen der Anzahl der Wirbelkörper in der Wirbelsäule und anderen wichtigen anatomischen Details.

J. G. Gichtel, ein deutscher Autor des 17. Jahrhunderts, stellt in seinem Buch *Theosophica Practica* eine Beziehung zwischen Planeten und menschlichem Körper her und ordnet die Planeten in ähnlicher Weise auch den Chakren zu. Dabei entspricht in aufsteigender Reihenfolge der Mond dem ersten Chakra, Merkur dem zweiten, Venus dem dritten, die Sonne dem vierten, Mars dem fünften, Jupiter dem sechsten und Saturn dem siebten.

Bildliche Darstellungen dieser Planetenbahnen bestätigen nicht nur die Anzahl der Blütenblätter jedes Chakras sowie die anatomischen Muster, sondern zeigen auch, wie die Sanskritzeichen auf den Blütenblättern platziert sind. Wäre ein einziges Zeichen nicht an seinem Platz, würde es die Ordnung des gesamten Systems stören.

Das Chakrasystem drückt die Einheit des Universums aus, die Ganzheit des menschlichen Wesens und die Harmonie, die beiden zu Eigen ist. Dies findet Bestätigung in der hermetischen (und tantrischen) Weisheit: »wie oben, so unten« und »jedes menschliche Wesen ist unteilbarer Bestandteil des Universums und zugleich Ausdruck desselben«.

Die Arbeit mit dem Chakrasystem wird uns befähigen, unsere innere Einheit und Harmonie zu erfahren, was dazu führen wird, dass wir unser Wissen um die Einheit und Harmonie des Universums wiedererlangen.

Es bleibt die Frage: »Wie können wir als Angehörige des westlichen Kulturkreises uns dieses großartigen Instruments zur Erfahrung von Innen und Außen bewusst werden und seine Handhabung erlernen?« Das kann auf vielfältige Weise geschehen – wie z. B. durch verschiedene Yogaformen, die alle sowohl sachkundigen Unterricht erfordern als auch die Geduld, den eigenen

Körper und Geist zu trainieren. Daneben gibt es Techniken, die eher aus unserem Kulturkreis stammen.

Dieses Buch beschreibt einen vorwiegend westlichen Ansatz. Es ermöglicht dem Leser die unmittelbare Erfahrung der Chakren und des Energieflusses im Körper. Mit Hilfe von Psychologie, esoterischen Lehren, Kristallen, Farben, Düften, Meditationen und Visualisierungen führt Ruth White den Leser Schritt für Schritt in eine neue, belebende Welt. Ihr Wissen bezieht sie aus jahrelanger Erfahrung mit von ihr geleiteten Workshops zu diesem Thema, aus den Informationen von Gildas (ihrem spirituellen Lehrer) und ihrem eigenen Weg zu persönlichem Wachstum, den sie mit Mut und Stärke beschritten hat.

Es wird dem aufmerksamen Leser nicht entgehen, dass Farben und ähnliche Details nicht immer der alten indischen Symbolik oder den Darstellungen anderer Autoren entsprechen. Das könnte – muss aber nicht notwendigerweise – Verwirrung stiften. Wir sind vertraut mit den strengen Kategorien westlicher wissenschaftlicher Logik. *Tertium non datur* – eine dritte Betrachtungsweise ist ausgeschlossen. Diese Art zu denken hat sich in der Vergangenheit in mancherlei Hinsicht bewährt. Die modernen wissenschaftlichen Paradigmen ändern sich jedoch und beziehen auch jenen Standpunkt mit ein, von dem aus verschiedene Sichtweisen zugleich Gültigkeit haben können.

Ein alter indischer Geistlicher lehrte mich diese Paradoxien in neuem Licht zu sehen: »Nimm an, zwischen dir und mir stehen drei Türme. Zwei dieser Türme befinden sich auf derselben Achse. Der dritte steht abseits. Nun frage ich dich: ›Wo steht der dritte Turm? Auf deiner rechten oder linken Seite?‹ Du wirst vielleicht sagen: ›Auf der rechten Seite.‹ Doch für mich wird er auf der linken sein (oder umgekehrt).«

Dieses Buch soll dir, dem Leser, die Gelegenheit geben, dein eigenes Energiefeld und Bewusstsein zu erforschen. Früher oder später wirst du imstande sein, in jedem Augenblick deine persönliche Wahrheit zu erkennen. Wenn du eine implizite Botschaft des Buches verstanden hast, wirst du auch wissen, dass die Erfahrungen anderer, so verschieden sie auch von deinen sein mögen, ebenfalls wahr sein können. Im Moment dieser Erkenntnis wird die Welt ein wenig harmonischer und ganzheitlicher sein.

Professor Eric Gomes
Gent, Belgien, 1993

Kapitel 1

Das Erforschen der Chakren

Gildas, mein spiritueller Führer und Lehrer, wird mittlerweile von vielen geliebt und geschätzt, die sich für den Kontakt zu »jenseitigen Welten« interessieren. Seit über 30 Jahren stehe ich mit ihm in enger Verbindung und empfange seine Botschaften. Als »Begleiter« kenne ich ihn bereits mein Leben lang.*

HEILEN

In seinen Mitteilungen befasst sich Gildas mit der Unterweisung im Heilen. Dabei spricht er besonders vom Channeln feinstofflicher Energien, um so Heilung und Wachstum den Weg zu ebnen. Er macht deutlich, dass es nicht allein um das Heilen von offenkundiger Krankheit, Siechtum oder Behinderung geht, sondern darum, unser Potenzial zu erweitern. Er ist der Überzeugung, dass man Heilen nicht als eine Kraft betrachten sollte, die sich darauf beschränkt, einen früheren Gesundheitszustand wiederherzustellen. Dem Heilungsprozess gegenüber offen zu sein heißt, Unwohlsein zu durchleben, um ein neues Bewusstsein zu erlangen und zu verstehen, was gesund sein bedeutet. Dies kann, muss aber nicht zwangsläufig auf das Wohlbefinden des physischen Körpers bezogen sein. Es umfasst spirituelles Verständnis, ein Gespür für Sinnhaftigkeit, emotionales Wohlgefühl, eine Leichtigkeit des Seins sowie eine Begeisterung für das Leben.

Diese Art zu heilen heißt nicht einfach sich in die Hände eines Heilers, Therapeuten oder Arztes zu begeben, sondern verlangt einen bewusst gesteuerten Wachstumsprozess. Er kann von anderen angeleitet oder begleitet werden,

* s. *Gildas Communicates*, *Seven Inner Journeys*, *The Healing Spectrum* und *A Question of Guidance* (C. W. Daniel).

aber Ziel ist die Fähigkeit zur Selbstheilung, Bewusstheit und Eigenverantwortung. Es geht auch um die Früherkennung krankmachender Faktoren und damit um Vorbeugen und Heilen.

Zunehmende Bewusstheit im Sinne des in der östlichen esoterischen Lehre als Chakren bekannten Energiesystems wird zu einem Werkzeug, das die Arbeit an heilendem Wachstum unterstützt. Das Wort *chakra* kommt aus dem Sanskrit und bedeutet »Rad«. Wenn die Chakren darüber hinaus als »Landkarte des Bewusstseins« verstanden werden, die unser Wissen darüber erweitern, wer wir sind, woher wir kommen und welches unsere individuelle und kollektive Bestimmung ist, dann gewinnt die Arbeit eine noch größere persönliche Unmittelbarkeit.

CHAKREN UND DAS FEINSTOFFLICHE ENERGIEFELD

Jedes menschliche Wesen ist von einem Energiefeld umgeben, das spirituell als Aura beschrieben und von hellseherisch Begabten als Farbe oder unbestimmtes Licht wahrgenommen wird. Es ist als persönlicher Raum spürbar, der ein Individuum umgibt, oder als feines elektrisches Vibrieren. Die Aura dehnt sich normalerweise etwa zehn bis zwölf Zentimeter um den physischen Körper aus. Nach dem Tod eines Menschen gibt es keinerlei Vitalität in seinem physischen Körper. Das feinstoffliche Energiefeld ist nicht mehr aktiv, das eigentlich Lebendige hat sich zurückgezogen.

Hellseherisch begabte Menschen oder solche, die ihr Feinempfinden weiterentwickelt haben, können die leuchtenden Farben der Aura beschreiben. Einige Farben bleiben konstant, während andere wechseln entsprechend der Stimmung eines Menschen oder dem Zustand seiner körperlichen, emotionalen, geistigen und spirituellen Gesundheit.

Das Aurafeld bezieht einen Großteil seiner Farbe und Energie aus den Chakren. Für jeden, der in der Lage ist, sie zu sehen oder zu spüren, sind sie Räder aus Farbe und Licht, die sich mit dem physischen Körper wechselseitig durchdringen und beeinflussen. Die meisten Chakren haben Verbindungen zu spezifischen Teilen des Drüsenapparates und könnten deshalb auch als feinstoffliches Drüsensystem bezeichnet werden.

Ein anderes Sanskritwort, *nadis*, verweist auf die Kraftlinien, die sich zu immateriellen Schichten und energetischen Netzwerken ordnen, welche ihrerseits die Hauptsubstanz der uns umgebenden feinstofflichen Körper darstellen. Die Entstehungs- und Schnittstellen dieser Linien oder *nadis* sind die Chakren. Die »wichtigsten« Chakren liegen dort, wo viele dieser Linien entspringen oder sich kreuzen. »Untergeordnete« Chakren bilden sich an Stellen, aus denen weniger Linien hervorgehen oder die weniger Kreuzungen aufweisen.

Das feinstoffliche Energiefeld, das jedes menschliche Wesen und jeden lebenden Organismus umgibt, kann mit dem Verfahren der Kirlianfotografie sichtbar gemacht werden (s. Glossar). Diese Fotografien ermöglichen Diagnosen der physischen oder emotionalen Verfassung.

Eine einfache Weise, Kontakt mit dem eigenen feinstofflichen Energiefeld herzustellen, besteht darin, die Hände einige Male zu öffnen und zu schließen und dann aus größerer Entfernung die Handflächen bis zu einem Abstand von etwa 10 - 15 Zentimetern einander zu nähern. Sobald das Energiefeld der einen Handfläche auf das der anderen trifft, spürt man einen Widerstand oder ein leichtes Vibrieren. In den Handflächen gibt es »Repräsentanzen« aller Chakren. Die Bewegung der Hände weckt oder öffnet diese Chakren, bringt ihre Energie zum Schwingen und macht die eigene feinstofflich energetische Aktivität erfahrbar. Führe diesen Versuch mit einem Freund oder Partner durch und spüre den Unterschied zwischen euren Energiefeldern.

NAMEN UND LAGE DER CHAKREN

Die nachfolgende Abbildung zeigt die sieben Hauptchakren und das Alter-major-Chakra sowie deren Lage im physischen Körper. Von oben nach unten lauten ihre Namen Kronenchakra, Stirnchakra, Alter-major-Chakra, Kehlchakra, Herzchakra, Solarplexuschakra, Sakralchakra und Wurzelchakra. Bei der Benennung können sich Unstimmigkeiten ergeben, da es eine Fülle unterschiedlicher Termini gibt, die teils östlicher, teils westlicher Herkunft sind. Beispielsweise werden die Begriffe »Sakral«, »Hara«, »Milz« für das Chakra verwendet, das sich zwei Finger breit unterhalb des Nabels befindet. Verwirrung entsteht auch um die Bezeichnungen »Stirn«, »Ajna« oder »drittes Auge«. Es erhebt sich die Frage, ob diese Begriffe innerhalb des üblichen Siebenersystems austauschbar sind, wenn untergeordnete oder zusätzliche

Chakren ins Spiel kommen. Viele gechannelte Quellen und hellsichtige Beobachter erwähnen mittlerweile neue Chakren, die Teil des Hauptsystems werden. In Kapitel 10 werden einige dieser Chakren besprochen, und Begriffe, die zuvor unterschiedlich verwendet wurden, erhalten eine spezifische Bedeutung.

Die meisten östlichen Traditionen beschreiben ein siebenteiliges Chakrasystem und räumen zugleich die Existenz einer Vielzahl kleinerer Chakren im Körper ein. Alice Bailey (s. Bibliografie) sprach von einem achten Hauptchakra und gab ihm den lateinischen Namen *Alta major*. Es wird zu den Chakren höherer Ordnung gezählt, jedoch in der Schreibweise »Alter major«, wodurch es die Bedeutung »anders« anstelle von »höher« erhält.

Das erweiterte Hauptchakrasystem empfiehlt unserer Aufmerksamkeit insgesamt zwölf Punkte, um Selbstheilung und Wachstum zu fördern. Die Zahl zwölf ist in mancherlei Hinsicht bedeutsam. Es gibt zwölf astrologische Zeichen, zwölf Monate im Jahr, und es wird mit der Entdeckung von zwölf Planeten gerechnet. Man hat Chakren oft Planeten und Sternzeichen zugeordnet und so ein astrologisches und astronomisches System der physischen und feinstofflichen Körper entworfen.

Man könnte in den Begriffen »übergeordnet« oder »untergeordnet« eine Wertung vermuten. In Bezug auf Chakren stellen sie aber lediglich Lagebeschreibungen dar, die sich auf den aufrechten physischen Körper beziehen. Es gibt kein hierarchisches System innerhalb der Chakren; jedes einzelne ist Teil des Ganzen.

Bisher findet sich wenig Übereinstimmung bei der Frage, ob sich die Chakren an der Vorder- oder Rückseite des Körpers und seines Aurafeldes befinden. Einige Systeme lokalisieren sie teils vorn, teils hinten. Die Abbildung in diesem Abschnitt versucht darzustellen, wie Chakren und physischer Körper einander durchdringen.

DIE BLÜTEN UND STIELE DER CHAKREN

Es gibt eine Mittelsäule feinstofflicher Energie, die eng mit dem physischen Körper verwoben ist und vom Scheitel bis zum Damm (dem Bereich zwischen Anus und Genitalien) verläuft. Jedes Chakra besteht aus Blütenblättern und einem Stiel. Die Stiele des Kronen- und des Wurzelchakras sind offen und

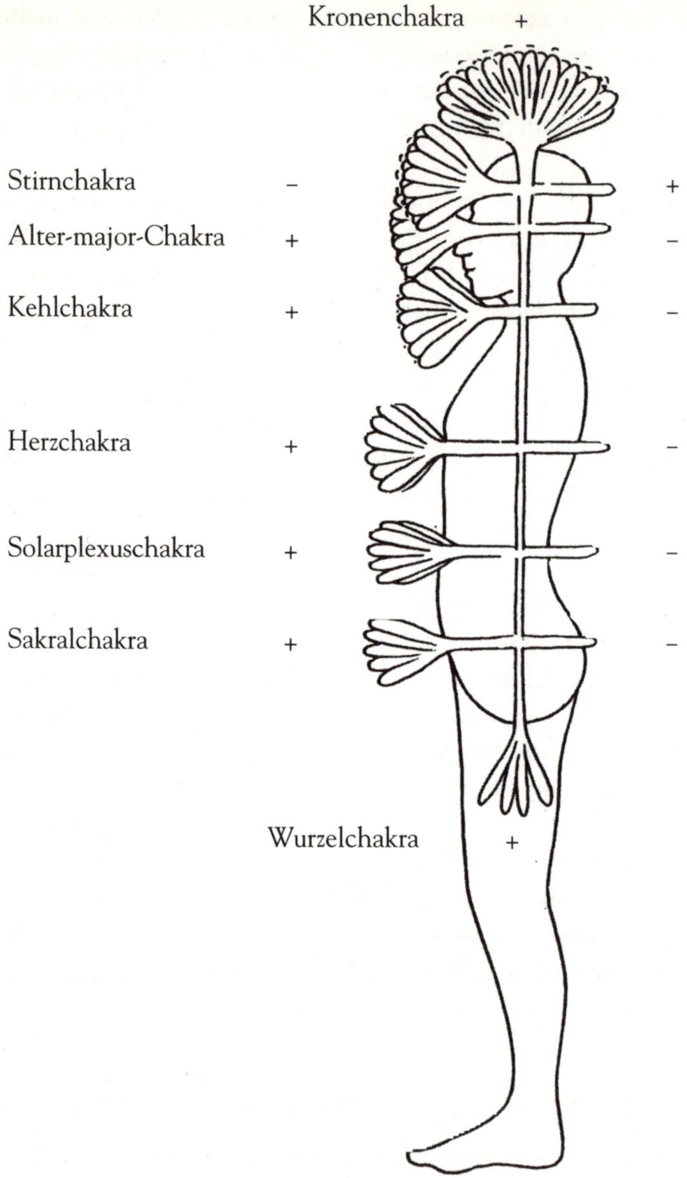

Die sieben bekanntesten Chakren und das Alter-major-Chakra. Die Energie fließt vom positiven zum negativen Pol (+ = positiver Pol, – = negativer Pol) und entlang der Mittelsäule auf und ab. Beachtenswert ist die umgekehrte Polarität des Alter-major-Chakras.

Bestandteil der Mittelsäule. Die anderen Chakren haben Blütenblätter, die sich ins vordere Aurafeld öffnen, und Stiele, die in das hintere Aurafeld reichen. Die Stiele bleiben normalerweise geschlossen, doch die Blütenblätter sind flexibel, öffnen und schließen sich, vibrieren und drehen sich je nach verschiedenen Lebenssituationen. Ein gesundes Chakra ist ein flexibles Chakra. Bei Unwohlsein werden die Chakraenergien unflexibel oder sogar blockiert. Die Arbeit mit den Chakren kann demnach körperliche und geistige, emotionale und spirituelle Gesundheit positiv beeinflussen.

Ein gesunder, normalerweise geschlossener Chakrastiel ist mit einem Ventil vergleichbar. Er lässt unerwünschte Energien oder Reaktionen durch und ist Teil des Ausscheidungssystems. Die Stiele können durch Schock oder Trauma, durch Drogenmissbrauch (Medikamente oder Halluzinogene), durch lange oder zu häufige Anästhesie und durch Alkohol- und Tabakkonsum beschädigt werden. In solchen Fällen bleiben sie unter Umständen offen und machen das Individuum äußeren Einflüssen gegenüber verletzlich. Dieser offene Zustand der Stiele kann geheilt werden durch eine verstehende Deutung der Farbe und Energie und durch das Empfangen gechannelter Energie von heilenden Händen. Ein Großteil der Chakraarbeit hat jedoch Selbsthilfecharakter. Mit ein wenig Kenntnis und praktischer Erfahrung kann man viel dazu beitragen, sein Leben durch Übungen zu verändern, die fast so einfach sind wie Atmen.

DIE REINIGUNG DER MITTELSÄULE

Da jedes Chakra die Mittelsäule speist und von ihr gespeist wird, kann ihre Reinerhaltung zu Gleichgewicht, Lebensenergie und Heilung auf allen Ebenen beitragen. Die folgenden Übungen bewirken diese Reinigung und fördern die Auf- und Abwärtsbewegung der Chakraenergie im Körper.

Atemübung zur Wahrnehmung der Mittelsäule

Stehe oder sitze mit aufrechter Wirbelsäule. Dein Körper befindet sich im Gleichgewicht. Die Beine sind nebeneinander platziert (ausgenommen Lotussitz).

Nimm deinen Atemrhythmus wahr und lass ihn langsamer werden. Ziehe den Atem ein, als käme er direkt aus der Gegend oberhalb deines Scheitels.

Führe ihn durch deine Körpermitte und atme aus, wenn es für dich stimmig ist. Leite dabei den Atem durch deine Beine direkt in die Erde. In der Lotusstellung wird der Atem nicht die Beine hinabströmen, aber diese Stellung schafft ohnehin einen Ausgleich der Energien im Körper. Atme auf diese Weise etwa fünfmal ein und aus.

Bei der folgenden Atemsequenz beginne von der Erde her einzuatmen, durch die Körpermitte, und lass den Atem durch den Scheitel deines Kopfes ausströmen. Führe dies, ohne dich anzustrengen oder zu zwingen, etwa fünf Minuten lang fort. Beende die Übung immer mit einer abwärts gerichteten Atemsequenz, und wiederhole sie öfters in dieser Richtung, wenn du es wünschst. Spüre die Ausgewogenheit im Körper und gehe deinen normalen Aufgaben nach.

Diese Übung kann auch als Vorbereitung zur Meditation dienen oder die anderen Übungen dieses Buches einleiten.

Visualisierung für die Mittelsäule

Wenn die Umgebung draußen ansprechend ist und du einen geeigneten Baum kennst, ist es gut, sich bei dieser Übung mit dem Rücken an ihn zu lehnen und mit bloßen Füßen auf der Erde zu stehen. Andernfalls folge den Anweisungen der ersten Übung.

Richte deine Aufmerksamkeit auf den Atemrhythmus und verlangsame ihn etwas.

Betrachte dich selbst als Baum. Deine Zweige recken sich nach oben, deine Wurzeln wachsen tief in die Erde, dein Stamm ist gerade und stark. Du wirst von den vier Elementen genährt. Die Sonne (das Feuer) wärmt dich und die Luft erfrischt dich. Deine Wurzeln sind in der Erde und suchen die unterirdischen Ströme und Quellen lebendigen Wassers.

Atme durch deine Zweige die Elemente Luft und Sonne ein, lenke den Atem durch deinen Stamm hinab, und atme kräftig aus in deine Wurzeln, in die Erde und die Ströme lebendigen Wassers.

Nun beginne bei der Erde und dem lebendigen Wasser, leite den Atem von deinen Wurzeln empor, durch den Stamm in deine Zweige und atme in die Elemente Luft und Sonne aus.

Wiederhole diese beiden Atemsequenzen fünf bis zehn Minuten lang. Lass die Visualisierung danach allmählich ausklingen. Spüre deine Füße auf dem Boden, den Raum, der dich umgibt, und nimm deine normalen Tätigkeiten mit Zentriertheit wieder auf.

CHAKRA – POLARITÄTEN UND ENTSPRECHUNGEN

Mit Ausnahme des Alter-major-Chakras (s. Kapitel 11) tragen die Blütenblätter den positiven und die Stiele den negativen Pol. Auch diese Bezeichnungen sind nicht wertend, sondern im elektrischen oder magnetischen Sinn zu verstehen. Eine genauere Erklärung von Polarität findet sich in Kapitel 16.

Einen Großteil unserer Lebenserfahrung erlangen wir durch unsere fünf Sinne – Riechen, Schmecken, Sehen, Tasten, Hören. Unsere Welt ist voller Duft, Geschmack, Farbe, Gegenstände, Struktur und Klang. Während wir heranreifen, nehmen wir eine Flut von Informationen auf über die Freuden und Gefahren der Welt, in der wir leben. Die Art und Weise, wie wir als Erwachsene das Leben bewältigen, ist durch unsere positiven und negativen Erfahrungen geprägt. Unsere physischen fünf Sinne sind ein mächtiges Stimulans für Geist und Gefühl. So wird der Geruch und das Geräusch von Kreide auf einer Tafel oft verblüffend lebhafte Erinnerungen an die Schulzeit hervorrufen. Solch eine Erinnerung mag angenehm oder peinlich sein, je nach unserer persönlichen Erfahrung.

Eine Zusammenfassung der Entsprechungen findet sich zu Beginn eines jeden Chakrakapitels.

ENTWICKLUNGSSTADIEN

Schon das neugeborene Baby besitzt eine vollständige Aura und ein Chakrasystem, doch die Entwicklungsstadien, die wir im Leben durchlaufen, beeinflussen nacheinander jedes der ersten fünf Chakren – das Wurzel-, Sakral-, Solarplexus-, Herz- und Kehlchakra. Diese sind sowohl mit jedem unserer fünf Sinne verbunden als auch mit den Grundelementen, die Lebenserfahrung vermitteln – Erde, Wasser, Feuer, Luft und Äther (Akasha). Jedes Chakra bringt besondere Farben hervor und wird seinerseits von ihnen beeinflusst. Das einzelne Chakra birgt für uns ein Spektrum an Lebenserfahrungen und Verbindungen zu den Funktionen unseres Körpers. Mit ein wenig

Geduld und Übung kann uns die Arbeit mit den Chakren einen Reichtum an Informationen über uns selbst erschließen. Es werden ungeahnte Kräfte und Gaben zu Tage gefördert, und ein Wissen wird ans Licht kommen, das wesentlich ist für eine vollständige physische und emotionale Heilung. Obwohl außer den ersten fünf Chakren kein weiteres mit einem Entwicklungsstadium oder einem der fünf Sinne verbunden ist, sollte man nie vergessen, dass die Chakren ein Team sind. Sie entwickeln sich gleichzeitig und jedes Teammitglied wird von den Stärken oder Schwächen der anderen berührt.

CHAKRAFARBEN

Die ursprünglichen sieben Chakren tragen die Spektralfarben des Regenbogens. Das heißt nicht, dass sie zwangsläufig selbst diese Farben haben, sondern dass sie für diese Farbnuance in deinem Chakrasystem und deiner Aura verantwortlich sind. In jedem einzelnen Chakra kann man jegliche Farbe sehen oder spüren. Man könnte sagen, dass jedes Chakra über ein vollständiges Farbspektrum verfügt. Das Vorhandensein anderer Farben sowie ihre Qualität und Intensität liefern uns Informationen über uns selbst. Das Thema Farben wird im Kapitel 3 und 16 ausführlicher behandelt.

CHAKREN ALS LANDKARTE DES BEWUSSTSEINS

Wenn es um die genauere Beschreibung der Chakren geht, so ist festzustellen, dass jedes einzelne trotz seiner Verbindung zu den verschiedenen Bereichen von Leben, Wachstum und Fähigkeiten einem Mikrokosmos gleichkommt. Obwohl jedes einzelne individuell zu verstehen ist, muss die Aufmerksamkeit sich doch immer auf das gesamte System richten. Man kann Chakren als eine Landkarte des Bewusstseins verstehen, die eine spirituelle Entwicklungsreise nicht nur für das Individuum, sondern für die ganze Menschheit entwirft.

Von den unzähligen Eindrücken und Erfahrungen, die täglich, stündlich auf uns einstürmen, dringt nur ein geringer Teil in unser Bewusstsein. Viele von uns haben den dringenden Wunsch, der Lebensreise mit mehr Engagement, Verantwortung und positiver Erregung zu begegnen. Wir sehnen uns in jeder Hinsicht nach größerer Selbsterkenntnis. Das durch den Kontakt mit den Chakren gewonnene Selbstverständnis hilft uns, dynamischere, aufregendere und dennoch realistische Lebensentscheidungen zu treffen. Die Reise mag sich komplex gestalten, aber sie hält das Staunen in uns lebendig. Das menschliche Potenzial ist immens. Es gibt keinen Punkt, an dem alles getan ist; es bieten sich immer neue Möglichkeiten.

Bewusstsein ist eine fortschreitende Offenbarung. Alles Unbewusste ist undefiniert, formlos, dunkel, umschattet, ohne Begrifflichkeit. Im Zustand der Gesundheit gibt es einen ständigen Austausch zwischen dem Bekannten und dem Unbekannten.

Das ist der Zusammenhang, in dem diese Chakralandkarte zu betrachten ist. Die Chakren sind sich bewegende, vibrierende, pulsierende Lichträder. Wenn wir uns auf sie besinnen, werden wir ein tieferes Verständnis von uns selbst erlangen. Auch die Art und Weise, wie wir Beziehungen zu unseren Partnern und zu jenen, die uns wichtig sind, gestalten, wird uns deutlicher. Eltern können zu größerer Achtsamkeit gegenüber der Entwicklung, den Problemen und Bedürfnissen ihrer Kinder finden. Die Wunden unseres verletzlichen inneren Kindes können durch die Kenntnis der Chakren geheilt werden. Jeder Aspekt unseres Lebens – unser Wirken, unser Selbstausdruck und unsere Erfüllung – kann besser verstanden und gefördert werden.

Die hier dargestellte Chakralehre unterscheidet sich gelegentlich von derjenigen anderer Lehrer. Diese Unterschiede beinhalten keinen Gegensatz. Eine von Gildas' frühesten und grundlegendsten Lehren befasst sich mit dem Facettenreichtum des Steins der Wahrheit. Der begrenzte Geist ist niemals in der Lage, in einem Augenblick alle Facetten der Wahrheit zu erfassen. Das zu versuchen hieße die Wahrheit begrenzen, besonders im spirituellen Bereich. Unterschiedliche Systeme sind nicht zwangsläufig konträr, sondern sollten als Ergänzung oder Erweiterung betrachtet werden. Verschiedene Lehrer vertreten unterschiedliche Standpunkte, aber das gemeinsame Ziel sollte ein Ort sein, an dem Wahrheit zu einer nachhaltigen persönlichen Erfahrung wird. Lehren ist also ein »Hinausführen« (vom lateinischen *educare*), eine Struktur, die eine Reise ermöglicht. Es darf kein Dogma sein, das auf Einsperren und Begrenzen abzielt. Offenkundige Widersprüche können erst dann kreative Möglichkeiten bieten, eine innere Beziehung zur eigenen persönlichen Wahrheit zu entwickeln, wenn der Wunsch nach intellektueller Ordnung und Wettbewerb an Bedeutung verloren hat.

ZUM GEBRAUCH DIESES BUCHS

In diesem Buch geht es nicht nur um Wachstum und Heilung, sondern auch um das Leben mit all seinen Schwierigkeiten. Die darin enthaltene Lehre ist eine Interpretation von klassisch-spirituellem Wissen. Sie ist nicht nur von Gildas' geistiger Führung inspiriert, sondern auch durch meine Erfahrung als Workshopleiterin und meine Arbeit als Beraterin und Heilerin entstanden. Einige Informationen enthalten Gildas' Antworten auf Fragen von Einzelpersonen oder Gruppen. Die dargestellten Fälle entstammen meiner persönlichen Arbeit mit Gruppen und Einzelklienten, wobei Namen und einige Einzelheiten zur Wahrung der Vertraulichkeit geändert wurden.

Die ersten Kapitel befassen sich jeweils mit einem der sieben Hauptchakren. Beim Wurzelchakra gibt es eine zusätzliche Information zur Wirkung von Düften, die auch bei der Arbeit mit den anderen Chakren relevant sein wird. Darüber hinaus befasst sich das Buch mit der Existenz neu erwachender oder zusätzlicher Chakren. Im Anschluss daran beantworte ich Fragen, die mir häufig gestellt werden. Wie lernt man, seine Chakren zu spüren oder die Fähigkeit zur Visualisierung zu entwickeln? Es geht um die Bedeutung der Farben in den Chakren, um die Anwendung von Massage und um die Arbeit mit Kristallen. Diese Informationen ergänzen die Meditationen und Übungen am Ende eines jeden Kapitels.

Es ist ratsam, die eigenen Fortschritte in einem Notizbuch oder auf Karteikarten zu dokumentieren. Vielleicht möchtest du die geführten visuellen Meditationen vor der Arbeit auf Band sprechen, so dass du sie dir anhören kannst anstatt die einzelnen Schritte erinnern zu müssen.

Ich empfehle, sich vor der gezielten Arbeit mit diesem Buch erst eine grobe Vorstellung vom gesamten Inhalt zu verschaffen. Bei der Lektüre der einzelnen Fälle erkennst du vielleicht eigene Probleme wieder und kannst so die Chakren auswählen, auf die du dich konzentrieren möchtest. Es ist nicht nötig, eine bestimmte Reihenfolge zu beachten, obwohl man sich den neuen Chakren erst zum Schluss widmen sollte. Konzentriere dich nicht monatelang auf ein einziges Chakra. Stelle immer eine Ausgewogenheit her, indem du mit dem Chakragegenstück arbeitest (s. letzte Frage in Kapitel 16) oder gleichzeitig mit dem Herz- und Wurzelchakra. Verwende nicht mehr als eine Stunde täglich auf konzentrierte Chakraarbeit.

Kapitel 2

Eine erlebte Geschichte

Vor über 30 Jahren lernte ich Chakren kennen und der Umgang mit ihnen hat mich zu einem besseren Verständnis von persönlichem Wachstum geführt. Wenn mich Schwierigkeiten, Unfälle oder Krankheiten schwächten, konnte ich meine inneren Ressourcen aktivieren und den Heilungsprozess beschleunigen, indem ich Chakren zur Selbsthilfe nutzte.

Meine Kindheit während der Kriegsjahre war in vieler Hinsicht unerfreulich und entbehrungsreich. Früh wurde mir deutlich, dass ich anders war als meine Eltern und mein Bruder. Das gemeinsame Leben gestaltete sich für alle Teile schwierig. Ich hatte von Geburt an eine geringe Sehkraft auf dem rechten Auge, was damals als »Faulheit« aufgefasst wurde. Einige Jahre lang zwang man mich, eine Augenklappe über meinem gesunden Auge zu tragen, um das »ungezogene, faule Auge« zur Arbeit zu nötigen. Erst als ich elf Jahre alt war, entdeckte man, dass das rechte Auge weder faul noch ungezogen war, sondern wegen seiner vernarbten Netzhaut nicht über viel Sehkraft verfügen konnte. Während eines Wachstumsschubs zwischen zwölf und vierzehn wurde mein linkes Auge immer kurzsichtiger. Mein Augenarzt fürchtete, ich würde bald erblinden.

Meine Leidenschaft waren Sprachen, und ich wollte sie unbedingt an der Universität studieren. Mein Augenproblem schloss jedoch Lesen oder andere intensive Arbeit bei Kunstlicht aus, so dass man mir riet, eine Gärtnerlaufbahn einzuschlagen. Da ich diesen Rat indiskutabel fand, wurde ein Kompromiss erwogen, und ich sah mich mehr oder weniger in eine Art Praktikum für den Unterricht mit Vorschulkindern gedrängt. Kinder machten mir Angst, meine Fehlsichtigkeit verwirrte mich, und ich war bis zum Bersten mit einer Traum- und Ideenwelt gefüllt, von der ich sicher war, dass niemand in meiner Umgebung sie verstehen würde. Mit dicken Brillengläsern, Söckchen, Schuluniformrock und einem Topfhaarschnitt trat ich meine Berufsausbildung am College an.

Dann begannen die Wunder. Ich war 1956 an dem einzigen College in England, das über eine Studentenberatung verfügte. Mein Tutor brachte mich dazu, Dr. Swainson aufzusuchen, eine der ersten Studentenberaterinnen und Jungsche Analytikerin, die schon seit langem Verbindung zu der White-Eagle-Loge hatte. Es dauerte eine Weile, bis ich merkte, dass ich dieser gütigen Frau meine innersten Gedanken, Ängste, Hoffnungen, Träume und Erlebnisse anvertrauen konnte. Meine innere Welt fand Bestätigung, meine Selbstachtung wuchs und meine Sehstärke verbesserte sich zusehends. Das Wichtigste aber war: Die »Wesenheit«, deren Nähe ich seit meiner Kindheit gespürt hatte, ließ sich als »Gildas« identifizieren, meinen spirituellen Führer, Lehrer und Freund. Nun da ich sicher war, nicht verrückt zu werden, konnte ich den Fluss von »Gildas« Botschaften zulassen.

Ich versöhnte mich mit dem Lehrerdasein und unterrichtete mehr als 20 Jahre an Vorschulen. Ich heiratete, bekam eine Tochter und ließ mich scheiden. Für eine Alleinerziehende war das Unterrichten eine entgegenkommende Berufslaufbahn. Als meine Tochter alt genug war, nahm ich noch einmal das Risiko einer Ausbildung auf mich. Ich wurde Beraterin und baute meine eigene Praxis auf, die heute folgende Bereiche umfasst: Beratung, Channeln, Heilen, Vorträge, Workshops, Reisen und Schreiben.

In einem allmählichen Prozess lernte ich, das Chakrawissen in Zeiten von Wandlung, Stress oder Krisen zu nutzen. Es ist eine Freude wahrzunehmen, wie die Chakraarbeit mit jedem Tag an Intensität gewinnt. Die Einsichten und das Handwerkszeug, mit denen man anderen helfen kann, stammen aus eigener Erfahrung und Gildas' Lehren. Durch die Beschreibung meines persönlichen Weges in Form einer Chakrafallstudie wird einiges deutlicher werden.

Die Umgebung unserer frühen Kindheit beeinflusst die Entwicklung der Chakren. Schwere Konflikte und Entbehrungen blockieren ihre natürliche Fähigkeit, auf jeder Ebene unserer Gesundheit und unseres Wohlbefindens aktiv zu sein. Weniger schwerwiegende Konflikte oder Herausforderungen können die Chakren sogar stärken, vergleichbar einer Pflanze, die durch sachgerechten Schnitt noch kräftiger wächst. Ein gut versorgtes und entwickeltes Chakra wird unsere Lebenskraft mehren. Wo gewisse Fähigkeiten fehlen oder gehemmt worden sind, werden die Chakren hingegen blockiert, passiv oder hyperaktiv, verschlossen oder zu weit geöffnet, zu blass oder zu farbintensiv sein.

Die ersten Lebensjahre beeinflussen das Wurzel- und das Sakralchakra. Meine Kindheit war geprägt von mangelnder Bindung zu meinen Eltern. Wir hatten wenig gemeinsam. Dazu kamen all die Entbehrungen einer Kriegskindheit. Ich erlitt oft Demütigungen und wurde körperlich schwer bestraft. In anderer Hinsicht waren meine Eltern wiederum sehr fürsorglich. Sie legten Wert auf ein warmes, behagliches Zuhause. Das Geld war immer knapp, dafür war ihr Einfallsreichtum sehr ausgeprägt. Einen Teil meiner frühen Jugend verbrachte ich in Bournville, dem grünen Vorort von Birmingham, der damals fast auf dem Land lag. Die Schönheit der Natur war immer in erreichbarer Nähe. Mein Vater war Kriegsdienstverweigerer aus Gewissensgründen, aber man hatte ihn verpflichtet, auf einem beschlagnahmten Bauernhof in Warwickshire Evakuierte zu versorgen. Einige der älteren Evakuierten schenkten mir eine emotionale Wärme, die meine Eltern mir nicht vermitteln konnten. Es gab dort auch Tiere, Bäume, Blumen und alle Vorzüge des Landlebens.

Das Wurzelchakra stärkt unsere Präsenz auf der Erde und in der materiellen Welt. In der Psychologie ist es heute unumstritten, dass der gesunde Erwachsene Fähigkeiten braucht, sich selbst zu versorgen: einen angemessenen Lebensraum zu beanspruchen und zu gestalten; sich eine Pause, eine »Auszeit« zu gönnen; eine Ausgewogenheit herzustellen zwischen der Anerkennung eigener und fremder Bedürfnisse; Freude und Stolz im Umgang mit unserem Körper zu empfinden; gesundes Essen zu schätzen; mit Geld und den materiellen Gütern dieser Welt maßvoll umzugehen und sich auch an Tieren und dem Reich der Natur zu erfreuen.

Durch die positiven Faktoren in meiner Umgebung habe ich ein ziemlich gut funktionierendes Wurzelchakra. Es mag Unsicherheiten bei Nahrung und Geld geben, und ich habe einen Hang zum »workaholic«. Wenn solche Probleme auftauchen, hilft es mir, auf mein Wurzelchakra zu meditieren, meinen Atem dorthin zu lenken, um es flexibler zu machen und seine gesunden Farben zu visualisieren.

Die Entbehrungen und Konflikte meiner Kindheit zeigen sich vor allem in meinem Sakral-, Solarplexus-, Herz- und Kehlchakra. Zu viele Eingrenzungen und die fehlende Erlaubnis, ich selbst zu sein, erforderten große Anstrengungen, um meine eigene Kraft zu erkennen und zu wissen, wer ich bin. Ermächtigung ist ein Thema des Sakralchakras; Identität gehört zum

Solarplexuschakra. Eigenartigerweise haben mich meine Eltern zum Lehrberuf gedrängt. Dabei war die Stimme meines eigenen Wesens derart verleugnet und unterdrückt worden, dass meine extreme Schüchternheit es mir fast unmöglich machte, mich anderen mitzuteilen. Ich musste viel an meinem Kehlchakra arbeiten, um kommunizieren zu lernen. Inzwischen weiß ich, dass ich eine Lehrerin bin, aber der Weg zu dieser Erkenntnis war lang und schwer.

Das Sakralchakra besitzt auch Einfluss auf die Beziehungsfähigkeit einschließlich der Sexualität. Meine Ehe zerbrach, weil mein Mann und ich auf kaum einer Ebene miteinander harmonierten. Was Unvereinbarkeit bedeutete, lernte ich erst, als ich mit meinem Sakralchakra arbeitete. Ich dachte immer, dass ich es sei, die Fehler machte, sich ändern und anpassen musste, um jedem zu gefallen. Bereitwillig nahm ich allen Tadel und die falsche Sorte Verantwortung auf mich. Ich bot Anlass für alle möglichen Projektionen. Nicht nur meine Sexualität, sondern auch meine Kreativität waren blockiert. Mein »wahres Selbst« liebt Farbe. Obwohl meine erste Wohnung nach der Scheidung warm und gemütlich erschien (Wurzelchakra), waren die meisten Dinge darin langweilig braun. Wo immer ich Farbe einsetzte, wirkte sie grell, aufdringlich und unharmonisch. Ich kleidete mich in Braun- und Dunkelblautöne, die nicht im Geringsten zu meinem Teint passen. Ein stärkeres Fließen zwischen meinem Sakral- und Kehlchakra hat dazu beigetragen, all das zu verändern.

Das Solarplexuschakra hat Auswirkungen auf Identitätskrisen und wird seinerseits von ihnen beeinflusst. In diesen Bereichen brauchte ich erfahrene Unterstützung, und inzwischen ist mein Solarplexuschakra ziemlich stark. Ich arbeite daran, sobald es eine Herausforderung oder einen Konflikt im Bereich Identität und Selbstbehauptung gibt. Auf physiologischer Ebene wirkt der Solarplexus auf die Sehkraft. Meine verbesserte sich von dem Zeitpunkt an, als ich Hilfe bei meiner Identitätsproblematik erfuhr. Mir vorzustellen, dass reines goldenes Sonnenlicht in dieses Chakra flutet, verhilft mir zu Klarsicht in des Wortes doppelter Bedeutung. Ich bin überzeugt, dass es mir vor allem geholfen hat, meine physiologische Sehkraft konstant zu halten – sogar während der heiklen Lebensphase der Menopause.

Das Herzchakra ist mit dem Tastsinn verbunden, dem Sinn für Berührung. Es beeinflusst sowohl die Entwicklung von Mitgefühl und Empathie als auch die von gesunder Abgrenzung. Die Art, wie wir zur Religion stehen, gehört teils zum Herz-, teils zum Kehlchakra. Ein blockiertes oder unterentwickeltes Herzchakra kann Verwirrung stiften, Instabilität oder Übererregung verursachen.

Chakrablockaden können zu Über- oder Unterfunktionen führen. In meinem Fall führten der Mangel an körperlicher Verbindung zu meiner Mutter und eine Missachtung von Grenzen, die in meiner frühen Kindheit allgegenwärtig war, zu einer Überempfindlichkeit bei körperlichem Kontakt mit anderen. Ich wich vor jeder Berührung zurück und hielt Abstand zu Menschen. Ich war verwirrt, was Mitgefühl und Empathie betraf. Manchmal bereitete mir die totale Verschmelzung mit dem Leiden anderer physischen Schmerz, oder ich glaubte zu ersticken. Zu anderen Zeiten war ich so distanziert, dass ich nichts dergleichen wahrnahm und folglich hart und gefühllos wirkte. Solche Schwankungen waren gerade während der Erziehung meiner Tochter von ihr schwer zu ertragen.

In meiner eigenen Teenagerzeit war ich geradezu fanatisch religiös und urteilte in sehr engstirniger Weise. Die Arbeit an meinem Herzchakra ermöglichte es mir, anderen gegenüber ohne Verletzlichkeit offener zu sein, rigide Dogmatik hinter mir zu lassen und meine eigene innere spirituelle Wahrheit zu suchen.

Wenn Heilung und Besserung stattfinden, verändern sich auch die Chakren, ohne dass wir bewusst an ihnen arbeiten. Der Vorteil einer gezielten Chakrabehandlung liegt in der Schnelligkeit, Wirksamkeit und Geradlinigkeit, mit denen Änderungen herbeigeführt werden. Man mag behaupten, Wachstum sei eine Lebensaufgabe. Viele psychotherapeutische Verfahren brauchen Jahre, um Ergebnisse vorweisen zu können, und stehen nur einer kleinen Anzahl Privilegierter zur Verfügung. Chakraarbeit ersetzt nicht unbedingt andere Therapien, ist aber ein verlässliches Mittel zur Selbsthilfe, das rasche und greifbare Erfolge zeitigt. Es kann andere therapeutische Interventionen abkürzen oder intensivieren und ist von unschätzbarem Wert, wenn es darum geht, einen einmal erreichten Fortschritt zu bewahren.

In meiner Fallgeschichte habe ich versucht zu zeigen, wie Lebensereignisse auf die Chakraenergien wirken. Im Folgenden wird jedes einzelne Chakra detailliert und mit Beispielen vorgestellt.

Betrachte bei der Lektüre der Falldarstellungen deine eigene Biografie und die Bereiche, wo du dich tief verletzt, belastet oder unentwickelt fühlst.

Das Entwicklungsalter ist ein guter Wegweiser. Wenn eine Fallgeschichte dich besonders berührt, lies aufmerksam die gesamte Information zu diesem Chakra. Kannst du dich dabei mit mehreren Aussagen identifizieren, so weist dies auf das Chakra hin, das zu allererst Beachtung verlangt. Lass dich nicht verunsichern, wenn in jeder Fallbeschreibung oder jedem Problembereich etwas auf dich zuzutreffen scheint – die Tendenz, sich alle gelesenen Symptome zuzuschreiben, ist wohl bekannt! Versuche den Grad deiner Identifizierung mit jedem Chakra auf einer Fünf-Punkte-Skala festzuhalten. Nimm fünf als die Zahl, die für das größte Bedürfnis nach Heilung oder Entwicklung eines Chakras steht, und eins für das geringste Bedürfnis. Praktische Anweisungen und Vorschläge zur Chakraarbeit sind am Ende jedes Kapitels zu finden.

Kapitel 3

Das Wurzelchakra

Ort Damm (Bereich zwischen Anus und Genitalien), die Blütenblätter sind zwischen den Beinen nach unten gerichtet, der Stiel reicht nach oben in die Mittelsäule und ist in natürlichem und gesundem Zustand leicht geöffnet.
Stichworte Verwurzelung, Inkarnation, Akzeptanz, Selbsterhaltung, Begriff
Entwicklungsalter 0 – 3 / 5 Jahre
Farben Rot, Braun und Malve
Element Erde
Sinn Geruch
Körper physisch
Drüsenverbindung Geschlechtsdrüsen
Beruhigende Düfte Zedernholz, Patschuli
Anregende Düfte Moschus, Lavendel, Hyazinthe
Kristalle und Edelsteine Rauchquarz, Granat, Alexandrit, Rubin, Achat, Blutstein, Onyx, Tigerauge, Rosenquarz
Gebet oder Affirmation
Durch Inkarnation beseelt der Geist die Materie. Durch Verwurzelung wird Lebenskraft wieder erlangt und erneuert. Wir bekennen uns zur Ganzheit und streben danach, Anerkennung zu gewinnen und zu gewähren.

Fallbeschreibung

Martin kam zu mir in die Beratung. Er war verheiratet und hatte drei kleine Kinder. Seine Frau war vor der Geburt der Kinder berufstätig gewesen. Äußerlich betrachtet ging es Martin gut; er erklomm die Karriereleiter. Die Familie bewohnte ein hübsches Haus in Stadtnähe. Er schien stolz darauf zu sein, dass seine Frau Janet nicht zu arbeiten brauchte und sich deshalb ganz

Haus und Kindern widmen konnte. Janet war zufrieden, ein paar Jahre dem Berufsleben den Rücken zu kehren und genoss ihre Mutterschaft ohne die Belastung durch zusätzliche Arbeit. Sie hatten keinerlei Geldprobleme.

Innerlich fühlte sich Martin gestresst. In der Beziehung zu Janet erlebte er einen schwer zu definierenden Druck. Zeiten tiefer Depression nahmen zu. Er liebte seine Kinder, doch sein Leben verlor zusehends an Spaß und Freude. Er verlernte das Spielen und war nicht in der Lage, echte Gemütsbewegung zu zeigen. Seine Libido verringerte sich. In seiner Freizeit verrichtete Martin unablässig Instandhaltungs- und Renovierungsarbeiten am Haus. Er klagte, er habe nie Zeit für sich selbst.

Im Verlauf der Beratung wurde deutlich, dass Martin sich selbst dazu antrieb, der traditionelle »gute Versorger« zu sein. Seine eigenen Eltern waren seltsamerweise an ihm als Kind völlig desinteressiert gewesen. Beide waren berufstätig. Es war ein »nettes« Zuhause gewesen, jedoch fehlte es an Wärme und »heimeliger Unordnung«. Als einziger Sohn hatte er nie wirklich Kind sein können. Nachdem er mehr mit seinen Gefühlen in Kontakt kam, brachen Tränen und Wut aus ihm hervor über die Einsamkeit seiner Kindheit. Der erste Kontakt zu seiner Mutter war nicht gut gewesen, und wirkliche Nähe hatte sich zu keinem der Eltern entwickeln können. Es war ein Bild der Sterilität. Jetzt, in seiner eigenen Ehe, überkompensierte er. Er versuchte unter Aufbietung aller Kräfte, seinen Kindern das zu bieten, was er selbst nie gehabt hatte. Bis zu einem gewissen Grad gelang ihm das, aber er zahlte in Bezug auf sein eigenes Wohlbefinden einen immer höheren Preis. Er hatte alles entbehrt, was ihm zu einem gesunden Wurzelchakra hätte verhelfen können, und war deshalb nicht ohne weiteres in der Lage, dies anderen zu vermitteln. Seine Handlungen entsprangen eher innerem Willen und Kontrollbedürfnis als natürlicher Wärme. Der Druck in seiner Beziehung zu Janet hatte sich aufgebaut, weil er auf der Gefühlsebene immer mehr dazu tendierte, zu einem der Kinder zu werden und um Liebe zu kämpfen. So war Janet in ihrer Elternrolle auf schwer erklärliche Weise allein gelassen.

Offensichtlich musste Martin mit seinem unversorgten inneren Kind psychologisch arbeiten und sein Selbstbild positiv verändern. Er war einverstanden, an seinen Chakren zu arbeiten, insbesondere am Wurzelchakra. Dies tat er mit Hilfe der Techniken, die am Ende dieses Kapitels beschrieben werden. Die Chakraarbeit unterstützte und vertiefte die psychologische

Arbeit. Innerhalb kurzer Zeit kehrte seine Lebensfreude zurück. Er begann wieder mit seinen Kindern zu spielen und merkte dabei, dass er sich damit Spielmöglichkeiten eröffnete, die es für ihn nie gegeben hatte. Er konnte sich nun selbst besser versorgen und musste diese Zuwendung nicht mehr von seiner Frau einfordern. Er entdeckte seine Liebe zum Zeichnen, Malen und beschäftigte sich mit Kunst. Seine sexuelle Energie kehrte zurück.

Obwohl Kreativität und Sexualität in den Bereich des Sakralchakras fallen können, war in Martins Fall das unterentwickelte und blockierte Wurzelchakra am wichtigsten. Die zum Sakralchakra fließenden Energieströme waren beeinträchtigt. Als das Wurzelchakra gestärkt war, wurde auch das Sakralchakra farbenfreudiger und energetisierter, ohne dass Martin damit so intensiv wie mit dem Wurzelchakra arbeiten musste.

DIE STICHWORTE

Verwurzelung

Verwurzelung ist in mancher Hinsicht mit »Erdung« gleichzusetzen. Indem wir unsere Inkarnation annehmen, verwurzeln wir uns im Element Erde und interagieren bewusster mit dem Leben des Planeten. Je verwurzelter wir sind, desto weniger wird uns das Leben auf der Erde zur Bürde. Schwierigkeiten bekommen eine neue Perspektive, die unsere Gesamtabsicht weiter fasst und ein besseres Verständnis für die Bedeutung bietet.

Inkarnation und Akzeptanz

Das *Concise Oxford Dictionary* definiert Inkarnation als »fleischliche Verkörperung«. Diese muss angenommen werden, bevor wir uns erden oder verwurzeln können. Beide Stichworte sprechen füreinander und sind untrennbar.

Viele esoterische spirituelle Lehren gehen von der Voraussetzung der Reinkarnation und zahlreicher Lebenszyklen aus. Solche Lehren beinhalten den Glauben, dass wir uns die Eltern ebenso wählen wie das historische Zeitalter, die Kultur und unsere eigene Stellung darin. Diese Wahl weist auf die Gründe und Bestimmung unserer Inkarnation hin. Die Gründe bewusster zu machen gehört zur Lebensstruktur. Etwas von dieser Lebenswahl und persönlichen Bestimmung ist dem Energiefeld und den Farbmustern des Wurzelchakras eingeprägt.

Selbsterhaltung

Selbsterhaltung verbindet das Wurzelchakra mit instinktivem Verhalten. Mit dem Instinkt schützen wir uns vor Gefahr. Wir lernen zum Beispiel, dass wir Feuer zum Heizen und Kochen nutzen können, aber es auch beherrschen und kontrollieren müssen, damit es uns nicht verletzt oder zerstört.

Ängste, die uns warnen, sind Mechanismen der Selbsterhaltung. Angst zu fallen ist einer davon. Einige Bereiche im Leben, in denen Konkurrenz eine Rolle spielt, bringen uns dazu, die Grenzen zwischen Selbsterhaltung und Gefahr auszuloten. Wir erleben einen »Kick«, wenn wir uns im Grenzbereich erproben. Wenn kleine Kinder die Welt erkunden, sollten wir sie nicht ermutigen, allzu früh in körperlichen Wettstreit zu treten. Andererseits sollten sie durch elterliche Ängstlichkeit nicht überbehütet werden. Kinder überschreiten beim Klettern normalerweise nicht ihre Leistungsgrenzen, es sei denn, man suggeriert ihnen, es sei tapfer, mindestens so hoch zu klettern wie ein an Selbstvertrauen und Koordination überlegener Freund. Ebenso wird allzu rigide Einschränkung unternehmungslustige Kinder in ihrer instinktiven Selbsteinschätzung verunsichern. Entweder machen sie sich abhängig vom Urteil anderer oder sie werden trotzig und überschreiten ihre Grenzen, bewegen sich immer in schwindelnder Höhe oder zu dicht am Abgrund. Eine Stärkung des Wurzelchakras bringt die instinktive Einschätzung wieder ins Gleichgewicht.

Begriff

In dem Abschnitt über das Entwicklungsalter ist zu lesen, dass geeignete Spielmöglichkeiten die Grundlage für eine Begriffsbildung sind, die auf unmittelbarer Erfahrung beruht. Begriffe sind Voraussetzung für abstraktes Denken, das wiederum Bestandteil von Kreativität ist. Dieses Stichwort zeigt, dass gute Erdung die Basis für die Entwicklung des größtmöglichen Potenzials eines jeden Individuums ist.

Menschen, die mit begrifflichem Denken Schwierigkeiten haben, mangelt es womöglich an kindlichen Spielerfahrungen. Zum Glück ist es selten zu spät, um spielen zu lernen oder zu anderen Einsichten zu gelangen, die zur Heilung alter Wunden und zur Heilung des inneren Kindes, das in uns allen wohnt, führen können.

DAS ENTWICKLUNGSALTER

Dieses Chakra umfasst das Entwicklungsalter von der Geburt bis zum dritten oder fünften Lebensjahr. Kleine Kinder entwickeln sich heute schneller als vor etwa 25 Jahren, daher die unterschiedliche Altersbegrenzung. Die Zeitspanne jedes Chakras bedeutet nicht, dass seine Entwicklung danach beendet ist oder dass die anderen Chakren zu dieser Zeit nicht existieren. Im frühen Lebensalter gibt es besondere Phasen, die für jedes der ersten fünf Chakren von entscheidender Bedeutung sind. Sind die Bedürfnisse in dieser Zeit hinreichend befriedigt, wird das Chakra in späteren Lebensphasen leichter, kraftvoller und offener tätig sein. Werden die Bedürfnisse vernachlässigt, wird das Chakra zu einem Brennpunkt für Diagnose und Heilung, wann immer körperliche Krankheiten oder emotionale und psychische Probleme sich offenbaren. Die frühen Jahre sind die Grundlagen für das gesamte Leben. Die Erfüllung der Primärbedürfnisse Wärme, Nahrung, Geborgenheit und Liebe schlägt sich in der Entwicklung und Gesundheit des Chakras nieder.

Die Stichworte des Wurzelchakras haben eine besondere Beziehung zum Entwicklungsalter. Es handelt sich um eine vorbegriffliche Phase, bei der eine bedeutsame Erforschung der Welt stattfindet. Der Spracherwerb setzt mit der Geburt ein, und eine große Vielfalt an Spielmöglichkeiten ist wesentlich. Wir sollten nicht vergessen, dass das, was leichtfertig als »Spiel« abgetan wird, für das kleine Kind ernsthafte Arbeit bedeutet.

Der Schweizer Psychologe und Pädagoge Jean Piaget untersuchte den Zusammenhang zwischen der Erfahrung eines Kindes und der Bildung echter Begriffe. Wenn ein Kind krabbelt und seine ersten Schritte tut, prägen sich ihm Erfahrungen von Größe und Raum ein. Später sorgen Aktivitäten wie Malen auf unterschiedlich großem Papier mit großen und kleinen Pinseln für eine Erweiterung. Ohne eine Vielzahl solcher Erfahrungen kann es keinen realen Begriff von Größe und Raum geben. Das spätere Erlernen mathematischer Formeln muss an unmittelbare Erfahrung anknüpfen. Der Umgang mit Farben, das Aussortieren und Zusammenfügen, das Ordnen von Puzzles, all das schafft die Voraussetzung für Lese-, Schreib- und Rechenfähigkeit. Ein sehr kleines Kind mag wohl Zahlen nennen und augenscheinlich zählen können, aber erst Zeit und Erfahrung bringen die Erkenntnis, dass fünf Perlen in einer Schachtel fünf bleiben und wenn man noch zwei hinzufügt, es möglich ist weiterzuzählen, ohne beim Zählen noch einmal von vorn beginnen zu müssen. Dieses Wissen nennt man »Behalten der Zahl«. Formen unterscheiden zu lernen ist eine Voraussetzung, Wörter und Buchstaben wieder zu erkennen. Reiche Erfahrung im vorbegrifflichen Stadium bildet die Grundlage für eine vollständige Entwicklung der angeborenen Intelligenz. Das Spiel mit Wasser und die Beobachtung, wie eine bestimmte Menge zuerst in einer engen und dann in einer weiten Flasche aussieht, das Transportieren schwerer und leichter Lasten aus trockenem oder nassem Sand in Eimern, Spielzeuglastwagen oder anderen Behältern – all das führt zu einem besseren Verständnis von Materie. Die Möglichkeiten sind immens. Kinder in diesem Alter müssen ihre Umgebung erklettern, berühren, fühlen, drücken, hören, schmecken, riechen und beobachten. Diese Erfahrungen sind nicht allein notwendig, um ein Verständnis vom Leben zu entwickeln, sondern auch, um sich in dieser Inkarnation zu verwurzeln und sie zu akzeptieren.

Die Art der Spielgelegenheiten spiegelt die Freiheiten und Grenzen, die in einem Umfeld vorhanden sind. Reichlich Gelegenheit oder Freiheit zum Erforschen stellt nur einen Aspekt dar. Es muss auch Grenzen geben, die weder zu starr noch zu locker sind. Beide Extreme können zu Ängsten und Unsicherheiten führen. Die Rolle der Eltern, die ihr Kind leiten und schützen, ist nie einfach. Eltern, die selbst zu ängstlich, streng oder behütend sind, können das Kind angstvoll oder rebellisch machen. Wo es zu wenig Führung gibt, mag das Kind sich unsicher, zu wenig gehalten und ungeliebt fühlen. Es gibt keine festen Regeln, wie man zu einer ausgewogenen Position findet. Alle Kinder sind Individuen mit unterschiedlichen Bedürfnissen.

Es liegt nicht in meiner Absicht, ein Handbuch über Kindererziehung vorzulegen, aber die beschriebenen Punkte üben großen Einfluss auf das Wurzelchakra aus. Eltern können eine Menge tun, um ihren Kindern bei der Verwurzelung und Inkarnation zu helfen. Heutzutage liegt der Schwerpunkt auf der Vorbereitung zur Elternschaft. Dabei sollten die Eltern schauen, wie sie die Wunde ihres eigenen Wurzelchakras heilen, damit die Kinder schon früh die besten Möglichkeiten vorfinden. Es ist fast die Regel, dass bei der Heilung des Wurzelchakras ein Bedürfnis nach besserer Selbstversorgung und sich verändernde Einstellungen auftauchen. Bei Martin lieferte die Erkenntnis, wie viel er in seiner Kindheit entbehrt hatte, praktische Hinweise auf die Aktivitäten, die seinen Heilungsprozess fördern konnten.

Es gibt keine Umgebung ohne Traumata, Blockierungen und Bedrohungen. Wenn es in jedem Entwicklungsstadium genug von dem gibt, was gebraucht wird, führt allein das zu vollständiger Gesundheit und Lebenslust. Farbintensive und pulsierende Chakren erhalten unsere Vitalität und erschließen uns Möglichkeiten.

DIE FARBEN

Rot ist für das Wurzelchakra die Grundfarbe. Diese Farbe hat die niedrigste Schwingungsfrequenz im Farbspektrum. Das Wurzelchakra ist auch für das Rot in unserem Energiefeld verantwortlich. Ein gesundes Energiefeld enthält eine Spur von jeder Spektralfarbe. Die Farbverteilung spiegelt individuelle Begabungen und Talente. Auraleser interpretieren die Farben und ihre Verteilung, um dem Fragenden die Informationen zu geben, nach denen er sucht. Ein gesundes Wurzelchakra bringt rotes Licht und Vitalität hervor. Bei Problemen mit einem Wurzelchakrathema ist Farbvisualisierung eine wirksame Hilfe zur Selbstheilung. Braun und Malve gehen ebenfalls aus dem Wurzelchakra hervor und können zu dessen Heilung verwendet werden wie auch zur Heilung aller Lebensbereiche, die sich in Wechselwirkung mit dem Wurzelchakra befinden.

VERWENDUNG DER FARBEN ZUR HEILUNG

Obwohl ein gesundes Wurzelchakra für die Augen eines Hellsichtigen leuchtende Rottöne hervorbringt, sollten die strahlendsten Nuancen beim Heilen mit Zurückhaltung verwendet werden. Die einfachste und effektivste Übung zur visuellen Heilung besteht darin, sich vorzustellen, wie die Stammfarben des Chakras in die Blütenblätter fließen, um es zu nähren. An der Wurzel sollten jedoch sanftere Farben der Rotpalette benutzt werden, da leuchtende Rottöne zu bedrohlich oder stark stimulierend sein können. Warmes Rosa ist am geeignetsten. Bei der Arbeit mit einem bestimmten Chakra kann man versuchen, Kleidung des entsprechenden Farbspektrums zu tragen oder Gegenstände mit den passenden Farben in sein Lebensumfeld zu integrieren. Dadurch ist es möglich, Tupfen hellerer Rottöne und Karmin heilsam zu verwenden, ohne dass die Wirkung zu intensiv wird.

Solltest du eine Abneigung gegen Rot haben, benutze Braun und Malve, oder versuche stattdessen Grün. Jede Farbe hat ihr Gegenstück, und Grün ist die Komplementärfarbe zu Rot. Wenn du einige Momente intensiv auf etwas Rotes schaust und dann die Augen schließt, wirst du Grün als »Nachhall« sehen. Komplementärfarben hängen eng zusammen und können beim Heilen wechselseitig als Ergänzung oder Ersatz dienen.

Wenn du die Übungen machst, wird sich deine Sensibilität steigern und die Farbaktivität der Chakren wird dir bewusster werden. Denke immer daran, dass jede Farbe in jedem Chakra mit positiver Bedeutung erscheinen kann. Wenn du Farben zur Heilung visualisierst, versuche sie vibrierend und durchsichtig zu sehen wie die Farben von buntem Glas, durch das die Sonne scheint. Empfindest du einige Farben in deinen Chakren als dicht oder trüb, könnte das auf Bereiche hindeuten, die Aufmerksamkeit verlangen, oder auf Dinge, die ins volle Bewusstsein drängen. Nichts kann falsch sein an Farben, Energieerfahrungen und Beobachtungen in den Chakren. Sogar Schwarz hat seinen Platz. Wie und wo eine Farbe sich zeigt, gibt nützliche Hinweise und Feedback. In Kapitel 16 finden sich weitere Informationen zur Bedeutung der Farben in den Chakren.

DAS ELEMENT

In der bereits vorgestellten visuellen Atemübung sollst du die starken Wurzeln eines Baumes visualisieren, wie er die Nahrung der Erde sucht und die Ströme lebendigen Wassers aufnimmt.

Erde ist eine dichte physikalische Materie. Wir sind uns ihrer sehr bewusst. Es ist die Substanz, die wir nutzen und bearbeiten, um unsere Nahrung, unseren Schutz und viele andere Aspekte von körperlichem Wohlbehagen zu sichern.

Einige spirituelle Lehren fordern, dass wir die Materie verachten und nur nach spiritueller Vollendung streben sollten. Tod wird als Erlösung und jegliche nachfolgende Seinsform als besonders freudvoll angesehen, weil sie von körperlichen und materiellen Fesseln befreien. Doch alles um uns herum zeigt, dass die Erde schön und wunderbar ist, ein lebendiges Beispiel für das Wunder der Schöpfung. Unsere Körper funktionieren auf nicht minder wunderbare Weise. Wenn wir aufhören, die Materie zu verachten und sie als negativen Gegensatz zum Spirituellen zu sehen, können wir wahrhaft beginnen, ein ausgeglichenes Leben zu führen. Die gesunde Achtung vor der Erde verschafft nicht nur größere Harmonie mit unserem Körper, sondern mit der Erdnatur als solcher.

Es mag stimmen, dass wir der Materie verfallen, sofern wir sie als die einzige Realität sehen. Verwirrung über die Definition von Realität und ihre Beschränkung auf das Fassbare können uns tatsächlich in die Irre führen. Das Wissen um verschiedene Ebenen und Erscheinungsformen der Realität ist wesentlich für eine spirituelle Reise. Es ist unnütz, Gegensätze zu konstruieren zwischen dem Imaginären, Illusorischen oder Ätherischen einerseits und dem Realen andererseits. Jede Ebene hat ihre eigene Realität.

Die Dinge der Erde waren lange Zeit Gegenstand großer Inspiration. Dichter, Künstler, Mystiker und Musiker haben nicht nur in ihren Schönheiten geschwelgt, sondern auch in ihren Unstimmigkeiten und zuweilen hässlichen oder komischen Gegensätzen. Die menschliche Barmherzigkeit hat große Opfer gegenüber körperlich Kranken, Schutzlosen oder materiell Bedürftigen gebracht. Der Energie spendende unvergängliche Sinn für das Wunderbare wird genährt durch die Schönheit einer Blume, den Schwung einer Form, die Rhythmen von Tag und Nacht, Sonne und Mond, Zeit und Gezeiten.

Viele unserer Vorfahren und einige der so genannten heidnischen Religionen haben sich mit dem Leben beschäftigt, mit dem Verständnis der Erde, ihrer Rhythmen und ihrer Verheißungen von Fülle und Lebensäußerung. Heutzutage dringt langsam die Botschaft zu uns, dass unser Planet durch den Mangel an Achtung bedroht, vergiftet und verschmutzt ist. Wenn die Erde stirbt, stirbt die Menschheit mit ihr.

Einer der heilsamen Effekte solch schockierenden Wissens könnte ein wiedererwachendes Bewusstsein für das Wunder der Schöpfung sein, für das Wunderbare der Lebenskraft, die Heiligkeit der Erde und das Geistige in der Materie. Der Kontakt mit dem Wurzelchakra und unser Verständnis von ihm lassen uns gewahr werden, dass es bei der Erweiterung des Bewusstseins nicht allein um die Bewegung nach oben, hinaus aus Körper und Materie, geht. Es geht auch um das Wissen und die Arbeit mit weiteren Dimensionen der materiellen Welt, in der wir leben. Spirituelles Leben heißt, erfolgreich in Übereinstimmung mit der vertrauten Welt zu leben und neue Dimensionen zu erforschen. Zu starke Erdung kann den Zugang zu weiteren Horizonten versperren. Eine zu ätherische Existenz führt die persönliche und kollektive Bestimmung der Inkarnation ad absurdum.

DER SINN

Der Geruchssinn ist als Erstes im Leben eines Neugeborenen erfahrbar. Durch ihn wird Kontakt mit der Mutter aufgenommen und eine Bindung hergestellt. Geruch hilft dem Baby, die Brust zu finden, und löst den Saugreflex aus. Wenn die Mutter nicht »richtig« riecht, wird die Brust möglicherweise verschmäht, was zu Still- und Bindungsproblemen führt.

Menschen können Gefahr riechen. Tiere wittern bei Menschen, die sich vor ihnen fürchten, den Adrenalinausstoß und reagieren darauf mit Gereiztheit. Geruch löst den Kampf-oder-Flucht-Mechanismus aus, bei dem die Ahnung von Gefahr einen Adrenalinausstoß hervorruft, der im Fall eines Kampfes für Kraftreserven sorgt oder für besondere Schnelligkeit, wenn es um Rückzug geht.

In unserer deodorierten Gesellschaft verlieren wir den Kontakt zu natürlichen Gerüchen und den Instinkten, welche sie ansprechen. Dabei zeigen Forschungsergebnisse, dass der Geruch bei der sexuellen Anziehung zwischen menschlichen Wesen eine wichtige Rolle spielt. Die jüngste Studie über Duftstoffe wird vermutlich zu einem Durchbruch bei der Behandlung von Menschen mit sexuellen Problemen führen. Sexualität steht nur insofern mit dem Wurzelchakra in Verbindung, als sie instinktiv ist. Die bewussteren Bereiche der Sexualität sind eher dem Sakralchakra zuzuordnen.

CHAKREN, SCHWINGUNGSFREQUENZEN UND FEINSTOFFLICHE KÖRPER

Die Wurzel ist das erste Chakra. In der östlichen Lehre trägt es den Namen *muladhara*, was Wurzel oder Halt bedeutet. Man schreibt ihm vier Blütenblätter zu. Jedes darauf folgende Chakra hat eine höhere Anzahl Blütenblätter, bis die Krone schließlich als »tausendblättriger Lotus« bezeichnet wird.

Die Anzahl Blütenblätter, die einem Chakra traditionell zugeschrieben wird, gibt Auskunft über seine Schwingungsfrequenz. Dichte Materie schwingt relativ langsam, und wir erleben sie als solide. Die elektrischen oder magnetischen Energien, die das Aurafeld konstituieren, bestehen aus miteinander verwobenen Schichten steigender Schwingungsfrequenz. Jede dieser Schichten ist mit einem Chakra verbunden. Geringere Geschwindigkeit verleiht ein einfacheres, greifbareres Gefühl von Bewegung. Höhere Geschwindigkeit vermittelt ein Gefühl von ununterbrochenem Bewegungsfluss, von Unfassbarkeit oder Komplexität der Form.

Der Terminus »feinstoffliche Körper« beschreibt die nicht greifbaren Energieschichten, die unsere physische Substanz umgeben und sich mit ihr vermischen. Traditionell sprechen wir von sieben feinstofflichen Körpern. Wenn wir beim Meditieren oder Träumen in veränderte Bewusstseinszustände eintreten, findet das Erleben in jenen Schwingungskörpern statt und wird auch dort registriert. Sie bilden den wesentlichen Teil des Aurafelds. Sensibilitätstraining befähigt zu besserer Wahrnehmung unserer feinstofflichen Körper und dem aurischen Energiefeld.

Das Wurzelchakra hat die niedrigste Schwingungsfrequenz und steht in Wechselwirkung mit dem physischen Körper.

DIE BEZIEHUNG DES WURZELCHAKRAS ZUM PHYSISCHEN KÖRPER

Jedes Chakra steht in Wechselbeziehung zum physischen Körper, seiner Gesundheit und Funktion. Diese Beziehung erstreckt sich vor allem auf das Drüsensystem. Jedes Chakra außer dem Wurzelchakra ist auch mit einem feinstofflichen Körper verbunden. Das Wurzelchakra mit der niedrigsten Schwingungsfrequenz ist das Chakra der Materie und steht als solches mit besonders festen Aspekten des physikalischen Körpers in Verbindung – Knochen, Fleisch, Muskeln und Sehnen. Wenn es Disharmonien oder Krankheiten in diesen Körperteilen gibt, lassen sie sich möglicherweise auf Probleme des Wurzelchakras zurückführen. Die Arbeit mit Farben, Düften, Kristallen sowie dem entsprechenden psychologischen und emotionalen Hintergrund hilft diese Bereiche zu heilen. Sie ist auch wirksam bei Krankheiten wie Rheumatismus, Osteoarthritis, Knochen-, Gewebe- und Hautkrebs.

Unseren Körper mehr lieben zu lernen, seine Probleme und Beschränkungen ebenso wie seine Stärken und Fähigkeiten anzunehmen ist wichtig für die Selbstachtung und körperliche Heilung. Sollten dir diese Dinge schwer fallen, wird dir die Arbeit mit dem Wurzelchakra helfen.

DIE VERBINDUNG ZUM DRÜSENSYSTEM

Für das Wurzelchakra bilden die Geschlechtsdrüsen, die Hoden beim Mann und die Eierstöcke bei der Frau, die Verbindung zum Drüsenapparat. Sie sind Teil des endokrinen Systems, sekretorische Zellen mit benachbarten Kapillaren, zwischen denen sich Bindegewebe befindet. Die Hypophyse wird manchmal »Hauptdrüse« genannt. Man kann sie als Dirigent des Drüsenorchesters bezeichnen. Auf ihr »Zeichen« werden von den Hoden und Eierstöcken Hormone ausgeschüttet. Es besteht eine offenkundige Verbindung zu Fruchtbarkeit und sexueller Aktivität, zu Trieben und Instinkten. Die Geschlechtsdrüsen gewährleisten, dass natürliche Prozesse wie die Pubertät zur gegebenen Zeit ablaufen. Wenn in diesem Wachstum Fehler auftreten, wird gezielte Arbeit am Wurzelchakra den Heilungsvorgang fördern.

DIE ARBEIT MIT DÜFTEN

Ätherische Öle, reine Auszüge aus Pflanzen und Blumen, werden immer häufiger wegen ihrer positiven Wirkung bei Krankheit und Stress angewendet. Sie sind sowohl in der Prävention als auch in der Therapie von Vorteil. Schon ein Hauch der richtigen Ölmischung kann negative Reaktionen auf atmosphärische Verschmutzung verringern sowie Spannung und Stress abbauen. Krankenschwestern auf Intensivstationen finden Düfte hilfreich bei der Genesung ihrer Patienten.

Düfte oder Öle werden für die Chakren als anregend oder beruhigend eingestuft. Lernt man seine Chakren »lesen«, entwickelt man auch ein Gespür für Minder- oder Überaktivität. Ein überaktives Chakra fühlt sich aufgeregt und prickelnd an oder angespannt, wenn sich die Aufmerksamkeit darauf konzentriert. Ein solches Chakra kann auch offen und verletzlich sein. Demgegenüber wird ein weniger aktives Chakra als kalt oder verschlossen empfunden. Es wird schwierig sein, eine Reaktion von ihm zu erhalten. Die dabei assoziierten Bilder können geschlossene Blüten sein, verschlossene Türen, Schilde oder Verteidigungswaffen.

In dem Maße, wie du dir deiner Chakren bewusst wirst, dringen diese Erkenntnisse in dein volles Bewusstsein. Du brauchst keine besondere Begabung, um feine Energien zu spüren oder zu »sehen«. In Kapitel 16 ist die Entwicklung von Sensibilität und Visualisierung dargestellt, aber vielleicht hast du bereits eine Vorstellung, ob dein Chakra minder aktiv, überaktiv oder ausgeglichen ist. Geeignete Düfte können dazu beitragen, dieses Gleichgewicht herzustellen und geschlossene Chakren zu wecken. Wenn du dich in der materiellen Welt, deinem Körper und deiner Inkarnation gelassener fühlen möchtest, lassen sich die beruhigenden Düfte von Zedernholz und Patschuli erfolgreich einsetzen. Möchtest du dich eher anregen lassen, mit diesen Fragen umzugehen, oder dich lebendig und vital fühlen, dann werden die anregenden Düfte wie Moschus, Lavendel und Hyazinthe hilfreich sein. Wenn du nicht sicher bist, mische ein wenig von jedem Öl, und schaffe deinen persönlichen, dein Wurzelchakra harmonisierenden Duft.

Einige Düfte wirken auf mehrere Chakren. Während Patschuli auf die Wurzel beruhigend wirkt, ist es für die Kehle anregend. Die Absicht bei der Verwendung eines Duftes muss daher absolut klar sein. Dann wird der Duft auch in dem Sinne wirksam sein, für den er eingesetzt wurde.

Es gibt eine Vielzahl von Möglichkeiten, Düfte anzuwenden. Gib ein paar Tropfen in dein Bad, erhitze sie in einer Duftlampe oder verbrenne Räucherstäbchen. Schnüffle einige Tropfen von deiner Hand oder von einem Baumwolltuch oder trage sie direkt auf die den Chakren zugeordneten Körperregionen auf. Reibe dich mit Duftöl ein oder, noch besser, lass dich von jemandem massieren. Die meisten ätherischen Öle sind sehr konzentriert, so dass es beim Auftragen auf die Haut sicherer ist, sie mit einem neutralen Öl wie Mandel- oder Aprikosenkernöl zu mischen.

Bei der Benutzung eines Verdampfers, der den Duft im Raum oder Haus verteilt, kommt es darauf an, ein mit Wasser gefülltes Modell zu benutzen. Das Wasser wird mit ein paar Tropfen Öl versetzt und durch ein Teelicht erhitzt. Auf diese Weise wird das Öl nicht direkt verbrannt. Übermäßige Hitze verändert den Charakter eines Öls und kann den Duft und seine positive Wirkung beeinträchtigen.

Es macht viel Spaß, mit dem Mischen der Düfte zu experimentieren, um eine Ölmischung für deinen speziellen Zweck herzustellen. Auf diese Weise kannst du individuelle Düfte kreieren und einen bestimmten Heilungs- oder Wachstumsprozess unterstützen.

Eine kräftige Körpermassage, mit oder ohne begleitenden Duft, ist sehr förderlich für das Wurzelchakra und hilft, dich mehr in deinem Körper zu fühlen. Leichtere oder ätherischere Formen der Massage, bei denen ebenfalls

Öle verwendet werden können, wirken weniger auf das Wurzelchakra als auf die Chakren oberhalb des Solarplexus. Weitere Ausführungen über Massage und Chakren siehe Kapitel 16.

DIE KRISTALLE UND EDELSTEINE

Wenn man den Chakren Kristalle zuordnet, bietet die Farbe die Hauptorientierungshilfe. Dunkle und rote Steine stehen besonders mit der Wurzel in Verbindung, weil sie stark erdend oder regenerierend sind. In Kapitel 16 findet sich weitere Information zu Kristallen und wie sie zur Selbstheilung verwendet werden.

• *Rauchquarz* fördert Ruhe, Zentrierung und Erdung. Er hilft Angst, Panik oder Schock zu überwinden.

• *Granat* und Alexandrit wirken regenerierend und unterstützen die Heilung von Fleisch und Gewebe. Sie bringen Trauernden Trost und helfen bei Verlust oder Veränderung.

• *Rubin* belebt, nährt und wärmt. Dieser Stein dient zur Heilung, wenn die Geburt schwierig war oder aus irgendeinem Grund die spontane Verbindung zur Mutter nicht hergestellt werden konnte.

• *Achat* stärkt unsere Zielstrebigkeit und bringt Lebensfreude. Er ist hilfreich für diejenigen, die Armut und Entbehrung fürchten, da er Fülle schafft. Achate helfen die inneren männlichen und weiblichen Energien zu harmonisieren. Sie sind günstig für Menschen, die sich Kinder wünschen, werdende Eltern und Eltern bereits heranwachsender Kinder.

• *Blutstein* reinigt und hilft bei Blutproblemen. Verwende ihn auch, wenn du die praktischen und materiellen Fähigkeiten erwerben willst, die man heutzutage braucht.

• *Onyx* verleiht Stärke und Widerstandskraft. Der Stein ist für diejenigen geeignet, die sich durch irdische Verantwortung überlastet fühlen.

• *Tigerauge* steigert die Kreativität. Der Stein steht für Fruchtbarkeit, Einheit und Stärke. Er schützt in Zeiten der Gefahr und lässt Schwierigkeiten meistern.

• *Rosenquarz* lässt sich für alle Chakren nutzen. An der Wurzel fördert er die Selbstversorgung. Er vermittelt die Eigenschaft warmherziger, bedingungsloser mütterlicher Liebe und unterstützt die Heilung derjenigen, die in ihrem Leben zu wenig davon gehabt haben.

DIE ARBEIT MIT DEM WURZELCHAKRA

Stichworte, Element, Sinn, Entwicklungsalter, Farben, Düfte und Kristalle verhelfen zu einem besseren Verständnis des Wurzelchakras. Die folgenden Übungen bieten Anleitungen, damit zu arbeiten. In Kapitel 16, das man hinzuziehen sollte, ist mehr zum Thema Visualisierung, Meditation und Sensibilität zu finden.

Kontakt aufnehmen

Diese meditative Übung wird deine Sensibilität entwickeln und dich befähigen, den Zustand deines Wurzelchakras zu überprüfen. Wirf zu Beginn noch einen Blick auf die Abbildung im ersten Kapitel. Beachte, dass die Blütenblätter des Wurzelchakras zwischen deinen Beinen zur Erde schauen und dass der Stiel zur Mittelsäule weist.

Du wirst Papier und Buntstifte benötigen, da das farbige Zeichnen Bestandteil dieser Erkundung ist. Sorge dafür, dass du nicht gestört wirst und es dir bequem machst. Setze dich auf einen Stuhl oder den Boden oder lege dich hin. Platziere deinen Körper symmetrisch, kreuze nicht die Beine auf Höhe der Knie oder Fußknöchel. Eine Lotusstellung ist gut, wenn du sie mühelos einnehmen kannst.

Schließe deine Augen ... folge dem Rhythmus deines Atems und lenke deine Aufmerksamkeit zum Wurzelchakra ... denke an die Ausrichtung der Blütenblätter und des Stieles ... spüre das Energiefeld deines Wurzelchakras ... nimm seine Bewegung wahr ... sein Vibrieren ... sein Schwingen und Drehen ... durch tiefes Atmen in die Chakragegend beginnst du, ein Gespür für seine Farben zu entwickeln und seine Energien, die als Farbe Ausdruck finden ... verweile zehn Minuten und konzentriere dich mit Hilfe des Atems auf dein Wurzelchakra ... während du den meditativen Raum um dich herum bewahrst, versuchst du, auf dem Papier auszudrücken, wie du dein Wurzelchakra empfindest ... wenn du deine Zeichnung beendet hast, visualisiere die Chakrablütenblätter, die sich durch diese Erkundung geöffnet haben ... beobachte, wie sie sich ein wenig schließen, um dein Bewusstsein wieder auf die alltäglichen Belange zu richten ... zum Schluss visualisiere ein symmetrisches Lichtkreuz in einem Lichtkreis über dem Chakra ... wenn es dir lieber ist, kannst du auch einen Lichtstern in einem Lichtkreis visualisieren.

Bilder und Symbole

Wiederhole die obige Meditation, ohne dich auf die Energie deines Chakras zu konzentrieren. Schau, ob irgendein Bild, Symbol, Erinnerung, Duft oder Geräusch auftaucht, während du in Kontakt mit deiner Wurzel bist. Schließe die Blütenblätter und visualisiere am Ende das Kreuz oder den Stern im Lichtkreis.

Geführte visuelle Meditation

Lass deinen Körper entspannt und symmetrisch sein ... folge dem Rhythmus deines Atems ... zentriere dich in deinem inneren Raum und deiner Stille ... visualisiere dich als Baum ... nimm wahr, welche Art Baum es ist ... spüre, wie die Wurzeln hinunterwachsen und sich in die Erde erstrecken ... fühle die Beschaffenheit der Erde und wie die Wurzeln daraus Nahrung ziehen ... nimm die Lebenskraft des Baums wahr ... das Fließen und Strömen in ihm ... spüre, wie die Jahreszeiten das verändern ... vitaler im Frühling ... verhaltener im Winter ... spüre den Zyklus der Blätter, Saaten, Blüten und Früchte ...

Verwende etwa fünf bis zehn Minuten für diesen ersten Teil der Meditation.

Unter den Wurzeln gibt es eine besondere Leitwurzel ... richte deine Achtsamkeit auf sie ... erlebe in ihr die Erfahrungen des Baums ... das Ausgesätwerden, Wurzeln und Keimen ... das Verschmelzen mit den Elementen und die Abhängigkeit von ihnen ... alle hat er kennen gelernt ... entdecke die tiefrote Farbe in der Mitte der Leitwurzel und die Malvenfarbe, die sie umgibt ... nimm das Braun der Erde wahr ... und die Wärme der Sonne, die sie durchdringt ... die Labsal von Wasser und Luft ermöglicht Wachstum ... spüre ein sanftes Pochen in der Leitwurzel, wie ein Herzschlag, und verbinde es allmählich mit deinem Herzrhythmus, deiner Atmung, deinem Körper auf dem Stuhl oder dem Boden ... kehre zu deiner alltäglichen Umgebung zurück ... setze ein Lichtkreuz in einem Lichtkreis über dein Wurzelchakra und stelle dir vor, dass dich ein Kapuzenmantel aus weißem Licht umgibt ... fühle deine Füße auf dem Boden, während du völlig zurückkehrst.

Fragen

Denke über die Fragen nach »Wie rieche ich die Welt?« und »Wie riecht die Welt mich?«

Düfte
Als Ausdruck der über dich gewonnenen Erkenntnisse wähle den Wurzelchakraduft, mit dem du am liebsten arbeiten würdest. Benutze ihn in deiner Umgebung oder in deinem Bad. Gönne dir eine Bein- und Fußmassage. Bitte deinen Partner, dich zu massieren und mit sanftem Druck deine Konturen zu modellieren.

Farben
Atme in dein Wurzelchakra und füttere es mit den am Anfang des Kapitels beschriebenen Farben, wobei du das Rot in ein kräftiges Rosarot umwandeln solltest. Vergiss nicht, die Farben durchsichtig zu visualisieren. Schließe die Blütenblätter und visualisiere zum Abschluss das Kreuz oder den Stern im Lichtkreis.

Berührung mit deiner Inkarnationsentscheidung
Denke über die Umstände deiner Geburt nach und was es für deine Eltern und deine Familie bedeutet hat, als du auf die Welt kamst. Bedenke die Gründe, warum du diese Eltern, dieses kulturelle Erbe, diesen Platz in der Gesellschaft und diese historische Zeit für deine Inkarnation gewählt haben magst.

Affirmation
Meditiere und denke über den Gebetstext von Kapitel 3 nach.

Kapitel 4

Das Sakralchakra

Ort Unterhalb des Nabels. Die Blütenblätter befinden sich etwa zwei Finger darunter. Der Stiel mündet in den Sakralbereich der Wirbelsäule.
Stichworte Sicherheit, Gespür für andere, Sexualität, Kreativität, Ermächtigung, Mitschöpfertum, Aufrichtigkeit
Entwicklungsalter 3 / 5 – 8 Jahre
Farben Orange, Bernstein, Gold
Element Wasser
Sinn Geschmack
Körper ätherisch
Drüsenverbindung Lymphatisches System
Beruhigende Düfte Moschus, Ambra
Anregende Düfte Rosmarin, Rosengeranie
Kristalle und Edelsteine Bernstein, Zitrin, Topas, Aventurin, Mondstein, Jaspis
Gebet oder Affirmation
Möge das Einssein der Menschheit untereinander und mit der Erde echte Kreativität hervorbringen.

Möge Erlösung vom Gefühl der Sünde und Wertlosigkeit uns zur vollen Erkenntnis unserer Befähigung zu Mitschöpfern führen – eins mit Gott und zugleich Teil von ihm.

Fallbeschreibung

Celia besuchte einige meiner Workshops zu Chakren und angrenzenden Themen. Sie ist talentiert in den Bereichen Kunst, Kalligrafie, Holzarbeit, Nähen und spielt mit großer Begabung zu Hause Klavier, Violine und Klarinette. Sie schreibt Gedichte, komponiert und verfasst die Texte für ihre Lieder. Ihre technischen Fähigkeiten auf diesen Gebieten sind überragend. Ihre

Kreativität ist voller Inspiration. Doch Celia beschrieb ihr Leben als einen Scherbenhaufen. Sie schämte sich, im Alter von 35 Jahren von Sozialhilfe zu leben, und zog ständig von einer möblierten Kleinstwohnung in die andere. Ihre Kleidung stand ihr nicht, ihr Haar war leblos, und sie verfügte über wenig Vitalität.

Durch die Workshops lernte ich Celia allmählich kennen. Sie vertraute mir an, dass sie sich aus freien Stücken unattraktiv machte, weil sie trotz ihrer heimlichen Sehnsucht nach einer Liebesbeziehung Angst vor einer tieferen Bindung hatte. Ihre dürftigen und zwangsläufig kurzen sexuellen Begegnungen waren seelisch und physisch schmerzvoll gewesen. Bevor sie sich diesem Lebensbereich völlig verschloss, hatte sie sich genötigt gefühlt, mit Beziehungen sowohl zu Frauen als auch zu Männern zu experimentieren. Ohne ein Erlebnis der Erfüllung war sie jetzt unsicher über ihre sexuelle Orientierung. Obgleich sie so begabt war, entstand alles, was sie schuf, aus großer innerer Qual. Celias Angst sich zu binden hinderte sie auch, ein dauerhaftes und einträgliches Betätigungsfeld für ihre Talente zu finden. Schließlich war sie schwer an Candida albicans erkrankt. Diese schafft ein Ungleichgewicht in der Darmflora, das im Extremfall viele körperliche und geistige Bereiche in Mitleidenschaft zieht, Nahrungsmittelallergien verursacht und die Lebenskraft schwächt.

Chakraarbeit half Celia beträchtlich. Sie wusste bald, dass ihr Sakralchakra viel Hilfe und Heilung brauchte. Sowohl Quelle als auch Fokus ihrer Energien fanden keinen angemessenen Weg und waren gleichzeitig blockiert und überaktiv geworden. Ihre vielfältigen Begabungen machten ihr die Wahl schwer. Sie hatte Angst vor Menschen und brauchte sie dennoch. Alles, was Freude hätte bedeuten können, erschien ihr eine Qual. Sie wurde schwer depressiv.

Bei Candida geht es um die Invasion, einen Zustand der Fremdbesetzung, der oft symbolisch die Unausgeglichenheit zwischen männlichen und weiblichen Energien anzeigt. Das Bewusstsein, dass sie meditativ mit Farben, Düften, Visualisierungen und Kristallen arbeiten konnte, um ihr Sakralchakra zu unterstützen, gab Celia neue Hoffnung. In der Vergangenheit hatte sie viele Therapien ausprobiert, hatte aber keine Behandlung lange genug verfolgt, um eine Wirkung zu erzielen. Unter ihrer Depression lauerten Wut und Panik.

Celia stimmte sich nun täglich auf ihr Chakra ein, benutzte Farben und Stifte, um seinen Zustand darzustellen, und ließ dann visuell so viel Bernstein- und Goldfarbe hineinfluten, wie nötig war. Die Panik begann sich zu legen. Sie merkte, dass Heilung Zeit erfordert, sah sich in einer Übergangsphase und bezeichnete sich nicht mehr als hilflos. Sobald Celia die Freude an ihren Talenten wieder entdeckte, ließ sie diese Bereicherung ihres Leben zu. Sie bedeuteten keine Last mehr.

Bald war Celia in der Lage, sich auf eine Psychotherapie einzulassen, um die Entmachtung zu bearbeiten, die ihr in ihrer Kindheit zwischen dem dritten und achten Lebensjahr widerfahren war – ein klassisches Merkmal für das Sakralchakra. Sie wandte sich ihrer Sexualität zu und entdeckte eine für sie neue Freude an ihrer Weiblichkeit. Eine diätetische Behandlung der Candida, die vorher immer versagt hatte, schlug jetzt positiv an. Ihre Vitalität kehrte allmählich zurück.

Celia behauptet, dass die Konzentration auf ihr Chakra es den anderen Therapien ermöglichte, ihre Wirkung zu entfalten. Sie ist der Überzeugung, dass ihr gesundetes Chakra ihr half, alte, eingefleischte Muster effektiver zu verändern. Sie ließ sich zur Kunsttherapeutin ausbilden und arbeitete bis zu ihrer Heirat mit psychisch gestörten Kindern. Jetzt erwartet sie die Geburt ihres ersten Kindes. Ihre Wohnung ist voller Sakralchakrafarben und strahlt Wärme und Willkommen aus. Celia ist endlich glücklich und erfüllt.

DIE STICHWORTE

Sicherheit

Die Attribute des Sakralchakras führen über die der Wurzel hinaus, bauen auf ihnen auf und verschmelzen mit ihnen. Sofern im Wurzelchakra »hinreichend gute« Nahrung und Erdung vorhanden waren, ist eine seiner Gaben an das Sakralchakra die Sicherheit. Wenn die Grundlagen für Sicherheit nicht im Wurzelchakrastadium gelegt worden sind, entstehen Unausgewogenheit und Blockierungen im Sakralchakra, die der Klärung und Heilung bedürfen.

Gespür für andere

Von der Sicherheit führt das Gespür für andere auf natürliche Weise weiter. Diejenigen, die unsere Sicherheit gewährleisten oder verraten, sind »die anderen« in unserer Umgebung. Die Art, wie andere in der frühen Kindheit wahrgenommen werden, wirkt sich auf unsere Fähigkeit zu reifen Beziehungen aus. Positive, liebevolle Anerkennung durch die Personen im Umfeld des kleinen Kindes sollte die wesentliche Grundlage für eine gesunde Individualität sein.

Sexualität

Der Begriff Sexualität bezieht sich sowohl auf den sexuellen Akt wie auf die Akzeptanz von Sexualität. Er beleuchtet die Erwartungen, die Normen, die Herausforderungen und Konflikte der Geschlechter in der gegenwärtigen Zeit und Kultur. Alles, was Körperstruktur, Instinkt und autonome Aspekte der Sexualität betrifft, gehört zum Wurzelchakra. Bewusstsein von Sexualität und sexuelle Vorlieben stehen mit dem Sakralchakra in Verbindung.

Es herrscht allgemein Ernüchterung in Sachen Sex. Die biblische Lehre wird häufig so interpretiert: Die Frau verführt den Mann zu fleischlicher Erkenntnis. Nach kurzen Flitterwochen werden ihre Kinder unter Schmerzen geboren. Die Unschuldigen sind gefallen, das Paradies ist verloren, die Frau ist die Verführerin und Sex ist schuld.

Wenn solche Einstellungen in unserem kollektiven Unbewussten schwären, nimmt es nicht wunder, dass unser Sexualleben oft so kompliziert und/oder gehemmt ist. Die Verstrickungen im Familienleben und die Anstrengungen und Verantwortung im täglichen Überlebenskampf haben zu Konflikten zwischen den Geschlechtern geführt. Das Ideal von Partnerschaft und gegenseitiger Unterstützung löst sich in Luft auf. Es ist ein kleines Wunder, wenn Humor, Freude und die Vision einer spirituellen Vereinigung, die Sex mit einschließt, überleben.

Viele spirituelle Lehren betrachten Sex und selbst Fortpflanzung als »niedere« Betätigungen, die im Interesse spiritueller Stärke transzendiert werden müssen. Die Verwirrung, wenn nicht gar Schuld, mit der viele Menschen auf der Suche nach Spiritualität ihre Sexualität ansehen, ist erschreckend.

Nicht nur Menschen auf der Suche nach Spiritualität sind der Meinung, dass alles menschliche Streben von sexueller Abstinenz profitiert. Engagierte Athleten, große Denker und schöpferische Menschen aller Art enthalten sich sexueller Aktivität vor dem großen Spiel, der »Schlacht der großen Geister« oder einem neuen Vorhaben. Der Psychologe Freud hinterließ uns den Begriff der sexuellen Sublimierung. Es wird oft als Tugend betrachtet, sexuelle oder »primitive« Triebe zu höherer Energie zu sublimieren oder transformieren. Wir schaffen ein Entweder-oder zwischen Sex und anderen erfüllenden Betätigungen.

Abgesehen von den östlichen Lehren des Tantra gibt es kaum Anleitung zu sexueller Aktivität oder Vereinigung als einem Weg spiritueller Erfahrung. Nur wenige erkennen die spirituelle Seite sexueller Energie an. Das Schöne und das Wunderbare sowie die spirituelle Kommunikation in der Sexualität sind allzu oft unbekannt.

Obwohl Gildas seine letzte Inkarnation als Mönch im Frankreich des vierzehnten Jahrhunderts angibt, sind seine Ansichten über Sexualität gewiss nicht klösterlich. Er verbindet Sex mit Kreativität, Mitschöpfertum und Befähigung. Das Genießen von Sex und Sinnlichkeit ist für ihn nicht nur Teil der spirituellen Reise, sondern bedeutet Erweiterung und Energetisierung. Sexuelle Begegnungen können Kreativität in jeder Form steigern und befruchten. Sexueller Austausch kann Energie für Arbeitsprojekte freisetzen, für künstlerisches Streben, Entscheidungsfindung, sportliche Leistung oder allgemein für schöpferisches Leben. Im Sex kann es gemeinsames Lachen geben, Lust und Freude an der Lebenskraft sowie die höchste Vereinigung und Erfüllung tiefer Liebe.

Die Transpersonale Psychologie sagt, dass alles, was unterdrückt, verurteilt oder schuldbehaftet ist, zu Schattenmaterial werden und sich verselbständigen kann (s. Glossar). Dann regiert es uns auf negative Weise und wird zum unbrauchbaren Werkzeug. Wenn Sexualität mit Dunkelheit und Verleugnung belastet wird, bringt sie Perversion, Pornografie und Missbrauch hervor. Sie wird zu einer Quelle von Furcht und Angst.

Betrachten wir Sexualität als normalen Bestandteil des Lebens, so erscheinen Ehelosigkeit, sexuelle Abstinenz und Enthaltsamkeit in einem anderen Licht. In Gildas' Lehren über die Sexualität geht es weder um zügellose Unzucht noch um Sex als Voraussetzung für den spirituellen Weg.

Zu bestimmten Zeiten und aus eigenem Entschluss mag Abstinenz Erleuchtung bringen. Jedoch sollte das eine freie Entscheidung sein. Abstinenz sollte nicht auf der Überzeugung beruhen, dass Sex falsch und sündig ist. Dann kann sie die Wahrnehmung des Körpers, seiner Rhythmen und

Bedürfnisse ermöglichen, ohne dass man Zwängen verfällt oder sich veranlasst fühlt, das Fleisch dafür zu bestrafen, dass es Begehrlichkeit in seinen Säften gibt. Die Arbeit am Sakralchakra kann uns größere Klarheit über unser Sexualleben verschaffen.

Kreativität

Eine Wörterbuchdefinition lautet: »Der Zustand oder die Eigenschaft kreativ zu sein. Die Fähigkeit zu kreieren.« Die Definition von »kreieren« heißt: »Aus dem Nichts erschaffen oder formen; durch Vorstellungskraft erschaffen; herstellen, produzieren oder gestalten; entwerfen; sich für eine neue Form oder Eigenschaft engagieren; einrichten; der Erste sein, der handelt; ein Theater machen.«

Als Lehrerin kleiner Kinder bedrückte mich bei großen Klassen die Notwendigkeit, ein hohes Maß an Konformität zu verlangen. In Klassen mit über 40 Schülern gehörte nicht viel dazu, dass manche Schüler als Außenseiter, unverschämt, Aufmerksamkeit heischend oder als Plagegeister abgestempelt wurden. Es waren fast ausnahmslos diejenigen mit dem höchsten Potenzial an Kreativität. Wir leben in einer Gesellschaft, die Anpassung an eine Norm verlangt. Begabte Menschen leiden darunter und finden, wie Celia, vielleicht nur schwer geeignete Hilfe. Ausgefallenes wird nur als Randerscheinung geduldet. Es gibt eine Abwärtsspirale von Kreativität, die über Ungewöhnlichkeit, Nonkonformität, Unerwünschtheit, Abweichlertum, Straffälligkeit führt und selten mit Imagination behandelt oder geheilt wird. Solche Menschen verkümmern oft emotional und enden häufig in psychiatrischen Kliniken, Gefängnissen oder anderen Institutionen.

Abgesehen von der offiziellen Definition verstehe ich den Begriff »kreieren« gern als ein Zusammenfügen zweier oder mehrerer Faktoren, um etwas Neues zu gestalten. Für viele Menschen bedeutet Neues Veränderung. Der Preis, den wir für die Überbetonung von Konformität zahlen, ist entweder Vorbehalt gegenüber Veränderung oder Sucht nach Veränderung. Beide Haltungen zeigen, dass ein aufgeklärter Umgang mit Forschung, Entdeckung und menschlichem Potenzial unmöglich ist, und weise Führer sind nicht in Sicht. In unserer heutigen Zeit bedarf das kollektive Sakralchakra der Hilfe und Heilung.

Ermächtigung

Dieser Begriff unterscheidet sich von Macht in dem Sinn, dass Macht ein Prinzip ist und Ermächtigung der Prozess, in dem man sich dieses Prinzip zu Eigen macht. In der psychologischen Bedeutung des Wortes geht es darum, Zugang zu all unseren Fähigkeiten und Potenzialen zu haben und zu ihrer Nutzung nicht erst die Erlaubnis und Zustimmung anderer zu erbitten. Eine ermächtigte Person ist kreativ und bedient sich der Kreativität, um ihrerseits andere zu ermächtigen.

Dieser Vorgang steht in direktem Gegensatz zum »Machtabgeben«. Wenn wir andere Menschen, Eltern oder Autoritätspersonen im öffentlichen Leben als manipulativ, kritisch oder einschränkend empfinden, so ist es möglich, dass wir ihnen diese Macht geben. Wir erlauben ihnen unter Umständen, unsere erwachsenen Entscheidungen negativ zu beeinflussen oder unvernünftige Ansprüche an unsere Zeit und Ressourcen zu stellen. Wenn wir andere auf ein Podest stellen und zu Gurus oder unbesiegbaren Führern erklären, beschränkt sich unsere eigene Rolle auf die des Schülers oder Mitläufers. Entdeckt man jedoch, dass das Idol auf tönernen Füßen steht, kann der Schmerz groß sein und die Genesungszeit lang.

Ein ermächtigter Mensch achtet die Autorität, Weisheit oder Erfahrung eines anderen, ohne sich klein zu machen, und erhält einen Machtzuwachs durch diesen Kontakt. Wahre Lehrer und Führer sind in der Lage, andere zu ermächtigen. Sie suchen Ruhm oder Applaus nicht um seiner selbst willen.

Mitschöpfertum

Dieses Stichwort besagt, dass wir Verantwortung tragen für alles, was in der Gesellschaft existiert oder geschieht. Es ist nicht von der Ermächtigung zu trennen. Wenn wir Autorität als eine Instanz betrachten, die allein die Schuld an allem Übel trägt und allein das Lob für alles Gute verdient, entmachten wir uns selbst. Wir leugnen den Anteil, den wir an der Wahl unserer Führer und am Entwurf der Gesetze in unserer Gesellschaft haben. Mitschöpfertum ist aktiv. Opfer sein ist passiv. Eltern können während der Entwicklungsphase des Sakralchakras eine Menge tun, um die Grundlagen für Mitschöpfertum zu legen. Eltern wie Lehrer verhalten sich oft entmachtend gegenüber Kindern und machen es ihnen auf diese Weise schwer, eine innere Haltung des Mitschöpfertums zu erreichen.

Viele religiöse Glaubensrichtungen stellen Gott als anthropomorph und übermächtig dar. Das macht uns Angst und bringt uns dazu, den Schöpfer zu beschuldigen und als allverantwortlichen Elternteil anzusehen. Wenn etwas in unserer Welt missglückt, fragen wir womöglich: »Ist Gott tot?« Wir hoffen dabei, dass Gott uns von uns selbst errettet. Durch Rettung und Vergebung könnten wir – wie der verlorene Sohn – als Unschuldige wieder im Paradies willkommen geheißen werden.

Gott als Elternfigur muss sicherlich sterben, damit wir Menschen unser Potenzial zur Miterschaffung einer ausgewogenen und harmonischen Welt erkennen können. Wir müssen die wahre Formel für Überleben und Transzendenz aus der unendlichen Quelle des Seins schöpfen. Die vollständige Aktivierung des Sakralchakras kann dazu beitragen, das Göttliche in jedem von uns zu erwecken und die Kluft zwischen Geist und Materie zu schließen.

Aufrichtigkeit

Aufrichtigkeit ist ein Zustand ohne falschen Schein oder Täuschung. »In der Realität wie dem Augenschein nach dasselbe« lautet die Definition des *Oxford Dictionary*. Ohne Furcht vor falscher Autorität oder Verfolgung ist es leicht, aufrichtig zu sein. Diese Eigenschaft erwächst ganz selbstverständlich aus Ermächtigung. Die Arbeit mit den Chakren ist ernsthaft und weitreichend. Ein aufrichtiger Mensch unterzieht die Welt einer aufmerksamen Prüfung bei hellem Licht. Es ist ein aufklärerisches und heilendes, oft jedoch auch konfrontierendes Licht. Viele innerpersönliche und interpersönliche Werte gelangen dadurch auf den Prüfstand und müssen gegebenenfalls neu definiert werden.

DAS ENTWICKLUNGSALTER

Die Funktion des Sakralchakras wird stark beeinflusst von den Erfahrungen, die wir im Alter von drei/fünf bis acht Jahren machen. Wie schon erwähnt, schwankt das niedrigere Alter, weil Kinder sich heutzutage merklich schneller entwickeln. Es besteht die Tendenz, nicht so lange in der Wurzelchakraphase zu bleiben. In den Entwicklungsjahren des Sakralchakras geht es um Entdeckung und Erforschung der Individualität. Diese Phase kann für Eltern und Lehrer sowohl faszinierend als auch erschöpfend sein. Das Kind braucht

Grenzen, aber auch Flexibilität. Die Fülle und Warmherzigkeit der Umgebung, die so wichtig für das Wurzelchakra ist, muss weiter bestehen. Struktur, Wiederholung und Routine tragen dazu bei, einen sicheren Rahmen zu gewährleisten. Dieser Rahmen ist eine Voraussetzung dafür, das Leben als Entdeckung und aufregendes Abenteuer sehen zu können.

In diesem Alter wäre es noch ungewöhnlich, sich tiefer gehender sexueller Fragen völlig bewusst zu sein, obwohl das Kind seiner Geschlechtszugehörigkeit zunehmend gewahr wird und sexuelle Neugier entwickelt. Fragen zu den Tatsachen des Lebens sind die Norm und sollten beantwortet werden, sobald sie auftauchen. Man sollte sie weder umgehen noch in Einzelheiten beantworten, für die das Kind noch nicht bereit ist. Wenn die Frage »Wo komme ich her?« zum ersten Mal auftaucht, erhalten manche Kinder eine überwältigend detaillierte Antwort von Eltern, die darauf bedacht sind, »in diesen Dingen offen« zu sein. Der einfache Kniff, dem Kind anfangs im Unterhaltungston die Frage zurückzugeben »Was meinst denn du?«, kann mehr Aufschluss über die eigentliche Frage geben, so dass die Antwort den kindlichen Gedankengängen besser entspricht. Verlegenes Ausweichen kann weitere Fragen ebenso hemmen wie zu viele unangemessene Details. Einfühlsamer Umgang mit heiklen Themen liefert in dieser Altersgruppe gute Grundlagen für den späteren Umgang mit sexuellem Ausdruck und sexuellem Erleben.

In diesem Alter machen Kinder oft die Erfahrung, dass sie einen Freund des anderen Geschlechts zärtlich lieben. Für Eltern und Lehrer ist es wichtig zu begreifen, wie tief diese Gefühle gehen. Es ist ein Fehler, sich über dieses erste Erwachen lustig zu machen.

Das Kind braucht schon hier Bestärkung. Angesichts seiner Begeisterung und seines großen Lebenshungers liegt es nahe, überbehütend und allzu autoritär zu sein. Alle Eltern sorgen sich auf die eine oder andere Weise um die Sicherheit ihrer Kinder. Grenzen, Rhythmen und Routine sind sehr wichtig, müssen aber auch flexibel sein, um Abenteuerlust und Initiative nicht im Keim zu ersticken. Erwachsene Ermächtigung kann leichter stattfinden, wenn die Disziplin in den frühen Jahren nicht übermäßig streng und unterdrückend war. Unnötige Rebellion gegen Autorität oder zwanghafte Selbstkontrolle und Herumkommandieren sind Verhaltensextreme, die zeigen, dass man sich noch nicht mit Autoritätsproblemen auseinander gesetzt hat. Solche

Probleme entstehen üblicherweise aus unbefriedigenden frühen Erfahrungen. Der in seinem Selbst bestärkte kreative Erwachsene kann problemlos Konformist sein und zugleich seine Spontaneität und individuelle Ausdrucksform bewahren.

Eine überkritische oder fordernde Umgebung beeinträchtigt die Fähigkeit der Kinder, aufrichtig, offen und ehrlich zu sein. Angst vor Strafe führt zu Unaufrichtigkeit. Man muss das Kind als Forscher auf dem Gebiet des Lebens verstehen und ihm wohlwollend helfen, seine Fehler zu erkennen. Man darf auch nicht vergessen, dass Kinder von diesem Alter an absolute Aufrichtigkeit verlangen. Die meisten Eltern können von peinlichen Gegenüberstellungen erzählen, bei denen kleine Notlügen in der Öffentlichkeit von den Kindern aufgedeckt wurden.

Unterdrückung, Traumata und Konflikte auf dieser Entwicklungsstufe haben weitreichende Folgen und schlagen Wunden, die lange heilen müssen. Das Sakralchakra enthält besonders vitale Lebensenergien. Es steht in enger Verbindung mit dem Kehlchakra, dem Zentrum der Ausdrucksfähigkeit. Wenn es keinen ausreichenden Fluss zwischen diesen beiden Zentren gibt, ist es schwierig, zu einer erfüllenden Rolle im Leben zu finden. Gerade wegen seiner Vitalität hat das Sakralchakra ein großes Heilungspotenzial sowohl für sich selbst als auch für den ganzen Menschen.

DIE FARBEN

Das Sakralchakra wird von den Farben der Vitalität bestimmt. Orange wird in seinen lebhafteren Nuancen manchmal als schwächend oder konfrontierend erlebt. In diesem Fall sollten Bernstein und Gold in Visualisierungen und zur Heilung des Sakralchakras verwendet werden. Wenn man sich von einer Krankheit erholt, sich müde fühlt oder gerade einen Energieschub benötigt, ist es effektiv, orangefarbenes Licht zu visualisieren, das in das Sakralchakra fließt. Eine Schale Orangen im Raum oder ein orange- oder bernsteinfarbenes Glas an einem Fenster, durch welches das Sonnenlicht fallen kann, ist ebenfalls hilfreich.

DAS ELEMENT

Am Wurzelchakra verleiht das Element Erde Festigkeit und Stabilität. Wasser bringt dem Sakralchakra ein Gefühl von Bewegung. Wasser steht mit dem Mond in Beziehung. Symbolisch schreibt man ihm oft zu, es regiere die Gefühle. Unweigerlich verbindet es sich mit Zeit und Gezeiten, Fruchtbarkeitszyklen, mit den weiblichen Rhythmen von Menstruation und Ovulation und der männlichen Spermaproduktion. Erde und Wasser definieren einander. Wasserläufe graben ihren Weg selbst durch das tiefste Felsgestein, und dennoch hält die Erde sie. Ohne Wasser ist die Erde unfruchtbar und träge. Mit ihm wird sie lebendig und produktiv. Das Element Wasser am Sakralchakra bedeutet, dass es mit Körperflüssigkeiten in Beziehung steht wie dem Lebenssaft Blut, dem Wasserhaushalt des Körpers und den fließenden Prozessen der Reinigung und Ausscheidung.

DER SINN

Im Alter zwischen drei und acht Jahren lernt das heranwachsende Kind unterschiedliche Nahrungsmittel kennen und entwickelt allmählich eine Reihe von Vorlieben und Abneigungen. Allerdings ist der Geschmackssinn nicht nur oral. Er erstreckt sich auch auf Mode, Farbe, Architektur, Design, Unterhaltung und sogar auf politische Trends in der Gesellschaft. Die mit diesem Sinn verbundene Frage »Wie schmecke ich die Welt, und wie schmeckt die Welt mir?« hat viele Implikationen.

Diejenigen, die Mühe haben, Nahrung zu schmecken, können ihren Geschmackssinn durch Arbeit am Sakralchakra verfeinern.

DER KÖRPER

In seiner Konstitution ist der ätherische Körper ein feinstoffliches Double des physischen Körpers. Er ist der dichteste der feinstofflichen Körper. Jedes unserer lebenswichtigen Organe hat ein ätherisches Double, das mit den physischen Organen zusammenwirkt und sie gesund erhält. Ganz gleich, ob der ätherische Körper feinstoffliche Heilenergien von einem Heiler bekommt oder nicht, er muss kuriert sein, damit die physischen Organe wieder normal arbeiten können.

Wenn irgendein Teil des physischen Körpers amputiert ist, besteht sein ätherisches Wesen weiter. Das Phantomglied ist ein medizinisch anerkanntes Phänomen. Der ätherische Körper mag schwer traumatisiert sein und intensiv der Heilung bedürfen, aber er bleibt ganz. Ein physisches Organ zu verlieren bedeutet nicht, dass man auch sein ätherisches Gegenstück verliert. Das ist einer der Gründe, warum der physische Körper sich anpassen und weiter funktionieren kann, selbst wenn ein relativ wichtiges Organ entnommen werden muss. Im Tod ist die ätherische Substanz ein bedeutender Mittler beim Übergang in den Zustand nach dem Leben. Einige Wesenselemente können nur aus dem Körper zurückgezogen werden, wenn der gesamte physische Körper tot ist.

Schwere Komplikationen sind durch Organtransplantationen entstanden. Einige Teile sonst toter Körper leben in anderen Menschen weiter. So ist das für den Übergang vom Leben zum Tod erforderliche vollständige Wesen nicht verfügbar. Daraus kann sich eine »Warteschleife« auf der Astralebene ergeben, bis das Wesen beim Tod des Organempfängers frei wird. Auch die Person, die ein Organ verliert und ein Transplantat bekommt, behält die ätherische Substanz des ursprünglichen Organs. Es ist sehr schwierig, das zusätzliche Wesen eines Spenderorgans mit der ätherischen Struktur des Empfängers zu verweben. So wundert es nicht, dass das größte Risiko der Transplantationschirurgie die Abstoßung des Spenderorgans bildet.

Mit den modernen Medikamenten der allopathischen Medizin erliegen wir dem Irrglauben, dass der Heilungsprozess beschleunigt worden ist. Gewiss können viele Beschwerden gelindert werden, aber wenn die Symptome verschwinden, ist der Heilungsweg nicht unbedingt vollendet, insbesondere nicht für den ätherischen Körper. Genesung von Krankheit braucht Zeit, Ruhe und liebevolle Fürsorge, ob die Symptome wie durch ein Wunder »geheilt« sind oder nicht.

Es ist unumstritten, dass die Allopathie es zu vielen medizinischen Erfolgen gebracht hat, aber die feinstofflichen Körper haben ihren eigenen Heilungsrhythmus und können von einem starken Medikament, das physische Symptome beseitigt, ungünstig beeinflusst werden. Sich bei Krankheit Ruhe zu gönnen wird gelegentlich als Schwäche ausgelegt. Unser gegenwärtiger Lebensstil verlangt oft zu viel von unserer komplizierten Konstitution.

DIE DRÜSENVERBINDUNG

Das lymphatische System bildet neben Arterien, Venen und Blut ein Transportsystem zweiter Ordnung, das unter anderem für die Ausscheidung der Stoffwechselprodukte zuständig ist. Das Lymphsystem trägt auch dazu bei, dem Blut Plasma und Protein zuzuführen. Lymphknoten in den Kniekehlen, in der Leiste, unter den Armen und am Hals fangen unliebsame Bakterien und andere störende Fremdkörper ein. Sie sind Teil der körpereigenen Abwehr und können anschwellen, wenn eine Infektion im Anmarsch ist. Wenn eine Hand infiziert ist, gehen die Lymphknoten unter der Achsel in Aktionsbereitschaft. Die Knoten am Hals schwellen zur Bekämpfung von Halsentzündungen an. Gelangen Zellen einer primären Krebserkrankung in das lymphatische Transportsystem, werden aller Wahrscheinlichkeit nach Tochtergeschwülste auftreten.

DIE DÜFTE

Moschus und Ambra regen das Sakralzentrum an, während Rosmarin und Rosengeranie es beruhigen. Moschusöl ist wie Ambra ein Pflanzenprodukt, und diese Düfte sollten nicht mit den tierischen Extrakten verwechselt werden, die in der Parfumindustrie Verwendung finden. Benutze die anregenden Düfte, wenn du eher passiv bist, wenn es dir an Vitalität mangelt, bei Entscheidungsschwierigkeiten oder wenn du mehr sexuelle Energie brauchst. Verwende die beruhigenden Düfte, wenn du hyperaktiv bist, Kontrollverlust fürchtest oder es schwierig findest zu »spielen«, zu entspannen oder zu schlafen.

DIE KRISTALLE UND EDELSTEINE

Informationen zur Arbeit mit Kristallen und Edelsteinen sind in Kapitel 16 zu finden.

• *Bernstein* ist kein Kristall im eigentlichen Sinn. Er besteht aus erstarrtem Kiefernharz und existiert in verschiedenen Farbtönen von braun bis gelb. Er energetisiert, gleicht aus und heilt. Der Stein hellt Depression auf und unterstützt Träume und Kreativität. Er heilt die weiblichen Fortpflanzungsorgane und reguliert den Menstruationszyklus. Dieser Stein hat auch Verbindung zum Alter-major- und Herzchakra.

• *Zitrin* kommt ebenfalls in Farbschattierungen vor, die von tief goldbraun bis zu Steinen reicht, die einen Anflug von Zitrone tragen, sonst aber klar sind. Die orange- oder bernsteinfarbigen Zitrine sind sehr gut für dieses Chakra geeignet. Da Zitrine seltener als Amethyste sind, die Nachfrage jedoch groß ist, stelle bei der Wahl eines Steins sicher, dass du keinen erhitzten Amethyst bekommst, der als Zitrin bezeichnet wird. Zitrin heilt verletzte Gefühle und fördert emotionale Reife. Er unterstützt die Akzeptanz von Sexualität und die Arbeit an sexuellen Problemen. Der Stein lässt Großzügigkeit wachsen und führt Fülle herbei.

• *Topas* unterstützt Fruchtbarkeit. Er fördert positiven Gleichklang und verhilft zu innerem Frieden.

• *Aventurin* hilft bei der Befreiung blockierter Kreativität und aktiviert die Vorstellungskraft.

• *Mondstein* ist der Stein der Mondgöttin und schützt alle, die auf dem Wasser reisen. Er kann helfen, uns aus dem Blickwinkel der anderen zu sehen. Der Mondstein ermöglicht bewussteren Kontakt mit unseren Gefühlen. Obgleich er ein weiblicher Stein ist, dient er gleichermaßen Männern und Frauen, die mehr Kontakt mit ihrer weiblichen Seite suchen. Er fördert das Traumgedächtnis, hilft Projekte zu verwirklichen und blockierte Kreativität zu befreien.

• *Jaspis* ist ein Stein der Macht und Ermächtigung. Dem Wasserelement sagt man oft nach, es sei instabil und überempfindlich. Aber Wasser kann ebenso gut ein Ziel haben, aktiv und voller Kraft und Energie sein. Jaspis ist ein Stein, der diese letzteren Eigenschaften verkörpert. Im Sakralzentrum ist er die Unterlage für Mondstein und Bernstein und hilft, das Chakra zu harmonisieren.

ZUM ABSCHLUSS

Das Sakralchakra ist komplexer als das Wurzelchakra. Es hat mehr Blütenblätter und mehr Bewegung. Die klassische indische Philosophie schreibt ihm sechs Blütenblätter zu. Sein Sanskritname lautet *svadhisthana* und bedeutet süß oder angenehm. Es ist das zweite Chakra im System, und die Energien, die es ins Leben ruft und die von ihm beeinflusst werden, sind grundlegend und stark. Die bewusste Entwicklung eines jeden Chakras ist eine Lebensaufgabe.

Wir kommen immer wieder, besonders in den emotionsgeladenen Lebensbereichen, auf Lektionen zurück, die mit dem Sakralchakra verbunden sind. Die unverfälschten instinktiven Gefühle, die verzehrenden Leidenschaften von Liebe, Hass, Wut oder bedingungsloses Engagement gehören zum Wasserelement in seiner vollen Macht, Majestät und reißenden Flut. In dieser Form haben die Gefühle eher uns in ihrer Gewalt als dass ein rationaler Umgang mit ihnen möglich wäre. Sie können Kreativität beflügeln, aber auch zerstörerisch wirken. In solch einem Moment sagen wir vielleicht: »Es zerreißt mich.« Wenn die Sakralchakraenergie fließt, sind Zerrissenheit und Konflikt leichter zu lösen. Der Fluss zum Herzchakra wirkt klärend und das ungebändigte Gefühl wird durch Weisheit und Mitgefühl gemildert.

DIE ARBEIT MIT DEM SAKRALCHAKRA

Kontakt aufnehmen

Vergewissere dich der Lage deines Sakralchakras auf der Abbildung in Kapitel 1. Verwende die Kontaktübung des Wurzelchakras, ersetze »Wurzel« durch »Sakral« und verfahre ebenso mit der Übung »Bilder und Symbole«.

Geführte visuelle Meditation

Lass deinen Körper bequem, gelassen und symmetrisch sein … folge dem Rhythmus deines Atems und zentriere dich in deinem inneren Raum … höre das Geräusch fließenden Wassers und spaziere im Frühling durch einen Wald … du gehst auf einen Bach zu … die Bäume haben junge, zartgrüne Blätter, durch welche die Sonne scheint und den Boden sprenkelt … unter deinen Füßen ist lockere, feuchte Erde … es gibt Büschel von Schlüsselblumen … Vögel zwitschern und beschäftigen sich mit ihren Jungen … der Bach, den du erreicht hast, ist sehr klar … er fließt lebhaft in einem steinigen Bett … der Boden ist eben, aber das Wasser fließt aus einer höher gelegenen Quelle oberhalb der Bäume, wo es Felsen gibt.

Du beschließt, dem Wasserlauf bis zur Quelle zu folgen … während du bergauf gehst, erfrischst du dich immer wieder mit dem klaren Wasser … der Bachlauf wird tiefer und felsiger, je höher du steigst … nach einer Weile dringt das Geräusch eines Wasserfalls in dein Bewusstsein, es ertönt jenseits großer Felsen, wo der Bach durch eine enge Spalte strömt … du musst den

Bach verlassen, um ein paar Felsen zu umgehen ... als du dich dem Bach wieder näherst, befindest du dich auf einer felsigen Lichtung ... vor dir türmen sich große Felsblöcke, über die sich der schäumende Sturzbach eines Wasserfalls ergießt ... das Wasser fällt in ein Felsenbecken, bevor er sich durch den engen Felsspalt zwängt ... die Sonne ist warm und steht hoch am Himmel ... Licht und Wasser lassen einen Regenbogen entstehen, das Becken selbst glitzert in Gold- und Bernsteinfarben ... während du hineinschaust, füllt sich dein ganzer Körper mit warmem, lebendigem Licht ... dein Sakralchakra empfängt heilende Farbe und Energie ... vollständig erfrischt schöpfst du mit hohlen Händen Wasser, das selbst während du es trinkst golden und lebendig bleibt ... magisch angezogen schaust du in die Tiefe des Wassers ... etwas leuchtet dort ... ein Geschenk für dich ... es ist ein Talisman für dein Sakralchakra ... strecke die Hand aus ... ergreife ihn ... nimm ihn mit, wenn du den gluckernden Bach zurückgehst zu der Waldung, wo dein Weg begonnen hat ... sei gewiss, dass du innere Kraft aus dem symbolischen Geschenk schöpfen kannst ... wenn du einmal einen Ort in deinem inneren Raum gefunden hast, kannst du ihn immer wieder aufsuchen ... kehre sanft zu deinem Atemrhythmus zurück ... zu deinem Kontakt mit dem Boden ... zu deinem vollständigen Körperbewusstsein ... zu deiner alltäglichen Umgebung ... visualisiere ein Lichtkreuz in einem Lichtkreis über deinem Sakralchakra und umgib deine gesamte Aura mit einem Kapuzenmantel aus weißem Licht.

Fragen

Denke über die Fragen nach »Wie schmecke ich die Welt?« und »Wie schmeckt die Welt mich?«

Düfte

Benutze Düfte, um dieses Chakra anzuregen, zu beruhigen oder auszugleichen. Anleitungen und Vorschläge findest du in Kapitel 3.

Farben

Atme in dein Sakralchakra ein, und füttere es mit den am Anfang des Kapitels angegebenen Farben. Denke daran, transparente Farben zu visualisieren. Schließe die Blütenblätter und visualisiere zum Schluss das Kreuz oder den Stern im Lichtkreis.

Berührung mit dem inneren Kind
Denke an dein Familienleben, als du zwischen drei und acht Jahre alt warst. Erinnere dich an kreative, freudige Zeiten, an Tage voller Farbe und Sonnenschein. Versuche Dinge zu spüren, die weniger gut waren, weniger kreativ, weniger im Fluss.

Wie war das sexuelle »Klima« zu Hause? Welche Einstellungen gab es gegenüber deiner sich entwickelnden Sexualität? Mach dir ein Bild von der damaligen sexuellen Atmosphäre in deiner Familie. Besprich dieses Bild mit deinem Partner oder einem Freund.

Denke an die Bedürfnisse deines inneren Kindes. Das Leben ist nie vollkommen, und es hat vermutlich Dinge gegeben, die du in deinen frühen Jahren hast entbehren müssen. Etwas in dir, das man das »innere Kind« nennen kann, sehnt sich vielleicht noch danach. Nimm ein Kinderfoto von dir und schau, ob ein Teil von dir elterliche Fürsorge braucht, Bestärkung oder die Erlaubnis, etwas so Wichtiges wie das Spiel mit in das Erwachsenenleben zu nehmen (s. Glossar).

Affirmation
Meditiere und denke über die Worte vom Anfang des Kapitels nach.

Kapitel 5

Das Solarplexuschakra

Ort Unterhalb des Brustbeins mit Ausdehnung zum Nabel. Der Stiel befindet sich in entsprechender Position am Rücken.
Stichworte Logik, Vernunft, Meinung, Assimilation, seelische Intuition
Entwicklungsalter 8 – 12 Jahre
Farben Gelb, Gold, Rosa
Element Feuer
Sinn Sehen
Körper astral
Drüsenverbindung Nebennieren
Beruhigende Düfte Vetiver, Rose
Anregende Düfte Bergamotte, Ylang-Ylang
Kristalle und Edelsteine Gelber Zitrin, Apatit, Kalzit, Kunzit, Rosenquarz, Eisenpyrit, Topas, Malachit
Gebet oder Affirmation
Lass Vernunft, Logik, Meinung und Assimilation sich durch die Gabe des Feuers wahrhaft mit der Inspiration verbinden, so dass wir nicht gefangen sind in Begrenztheit und Trennung.

Fallbeschreibung

Peter war 35 Jahre alt, als er das erste Mal wegen seines spirituellen Lebens bei mir Rat suchte. Er ist sehr scheu und empfindsam. Zur damaligen Zeit war er als Biologe wissenschaftlich tätig. Die Art der Forschung, die er betrieb, machte ihn immer unglücklicher. Es waren Aufträge von Düngemittelfirmen, immer häufiger immer größere Ernten zu erzielen und das Größenwachstum und die optische Perfektion der Früchte voranzutreiben.

Peter identifizierte sich mit der Erde und fühlte, dass sie müde und ausgelaugt war. Er wusste, dass noch größere und noch makelloser aussehende

Ernten die Tendenz haben, immer mehr an Aroma zu verlieren. Er war seiner Arbeit überdrüssig, deprimiert und zornig. Peter kannte verschiedene Arten von Meditation, meistens anhand von Büchern. Er hatte sich einer kurzen psychiatrischen Behandlung unterziehen müssen, als er infolge einer zu langen und nicht angeleiteten Meditation in einen präpsychotischen Zustand geraten war. Nun fühlte er sich ängstlich und verunsichert. Er war jedoch noch immer bestrebt, die spirituelle Dimension zu erforschen und mehr Sinn und Zielstrebigkeit in sein Leben zu bringen.

Peter sagte: »Wenn ich mich sicherer fühlen würde, könnte ich etwas riskieren im Leben, aber so kann ich es nicht. Wenn ich jetzt meditiere, fürchte ich, mich in einer anderen Welt zu verlieren. Einige meiner Meditationen ängstigen mich. Ich habe schlechte Träume.«

Die Risiken, die Peter eingehen wollte, hatten sowohl mit seiner Arbeit als auch mit seinem spirituellen Leben zu tun. Er wollte nicht mehr analysieren, insbesondere nicht für kommerzielle Zwecke, die immer heftiger in Gegensatz zu seiner erwachenden spirituellen Vision traten. Er wollte ein Heiler oder Lebensberater sein, wusste aber nicht, wie er es anstellen sollte, die notwendigen Lebensveränderungen in die Wege zu leiten.

Viele Unsicherheiten entstehen im Sakralzentrum, deshalb musste Peter auf jeden Fall an der Verbindung von Sakral- und Kehlchakra arbeiten. Seine spirituellen Probleme und seine Angst, in anderen Welten verloren zu gehen, deuteten auf einen Mangel an Ichstruktur hin. Seine Ungewissheit hinsichtlich Veränderung hing mit dem fehlenden Kontakt zu seinem inneren Feuer und seiner Motivation zusammen. Er wusste nicht wirklich, wer er war und war zu verletzlich für intensive spirituelle Übungen.

Der Solarplexus deckt ein weites Spektrum ab. Der wichtigste Aspekt ist jedoch seine zentrale Bedeutung für Identität und Selbst. Obwohl Peter vor allem sorgsame und geduldige Beratung brauchte, um mit seinem wahren Selbst in Kontakt zu treten, wirkte sich auch die Arbeit mit dem Solarplexus positiv aus.

Unter seiner Depression verbarg sich Wut. Die Stärkung des Solarplexus mit Licht, Farbe und heilender Energie half ihm, seine Angst und Schuldgefühle zu überwinden und einen Teil der glühenden Wut herauszulassen, die durch seine Erziehung und die damit verbundenen Beschränkungen entstanden war.

Andere mit seiner Wut zu konfrontieren ermöglichte ihm, diese Energie für Veränderungen zu nutzen, die er in seinem Leben vornehmen wollte. Angesichts seines Heilerpotenzials erfasste ihn große Erregung. Er konnte zum Glück seine aktuelle Arbeit aufgeben und eine »Auszeit« nehmen, um sich auf sein eigenes Wachstum zu konzentrieren, und begann einen Kurs in Homöopathie.

Peter ist gegenwärtig in seinem letzten Ausbildungsjahr und freut sich auf seine Niederlassung als Homöopath. Inzwischen hat er deutlich mehr Selbstvertrauen erworben und konnte, wie viele innerlich scheue Menschen, seine Fähigkeit zuzuhören zu einem besonderen Vorzug entwickeln. Sein geübter analytischer Geist erinnert feine Nuancen und zieht klare Schlussfolgerungen. Diese Attribute kommen seinem Talent zum Heilen zugute.

Peter findet Meditieren immer noch schwierig, aber er hat erkannt, dass seine Liebe zu Musik und Natur ihn in einen meditativen Zustand versetzt und aufbaut. Er benötigt keine intensiven spirituellen Praktiken. Obwohl seine Feuerenergie nun leichter verfügbar ist, hat Peter gelernt, sanfter mit sich umzugehen. Die Kenntnis seiner selbst, die er durch Beratung und homöopathische Ausbildung erlangt hat, hilft ihm, seine inneren Welten weniger zu fürchten. Seine Träume werden zu einer Quelle innerer Führung, statt ihn zu bedrohen und zu ängstigen.

Gelegentlich setzt er seine befreite Feuerenergie für eine gute Sache ein, wie z.B. »Naturbund« oder »Greenpeace«. Er hat diesen Organisationen seine Erfahrung bei der Vorbereitung von Fachliteratur angeboten.

DIE STICHWORTE

Um die Stichworte für den Solarplexus zu verstehen, muss man die Komplexität dieses Zentrums betrachten. Es ist der Sitz des niederen Willens oder Ichs und steht zugleich mit dem Verdauungssystem, dem Feuerelement, der Sehkraft, der Vision und den psychischen Energien in Verbindung.

Logik, Vernunft und Meinung

Ein Teil der Ich- oder Persönlichkeitsentwicklung hängt mit der Fähigkeit zusammen, das Leben logisch und vernünftig anzugehen, sich eine eigene Meinung zu bilden und sie auch zu äußern. Es bedarf einer unabhängigen Rationalität, um die Lebensentscheidungen zu treffen, die uns die Entfaltung unseres gesamten persönlichen Potenzials ermöglichen. Als Peter zu mir kam, entsprach er einer gesellschaftlichen Norm von Erfolgserwartungen, ohne die innere Logik seiner eigenen Wünsche und Begabungen zu kennen. Geist und Intellekt haben eine starke Verbindung zum Solarplexus. Die beim Sakralzentrum beschriebenen Prozesse der Ermächtigung setzen sich fort. Auf der Suche nach Individualität ist es notwendig, einige gesellschaftliche Erwartungen in Frage zu stellen. Es ist unmöglich, unsere persönlichen Glaubenssysteme ohne Logik, Vernunft und eigene Meinung zu entwickeln und zu vertreten.

Assimilation

Der Solarplexus hat Verbindung zum Verdauungssystem und zu der physiologischen Aufnahme von Nahrung. Assimilation ist auch im weitesten Sinne als geistig-seelisches Einverleiben von Wissen und Erfahrung zu verstehen.

Psychische Intuition

Das Wort »psychisch« kann in verschiedenen Bedeutungen verwendet werden, und es gibt einen beträchtlichen Unterschied zwischen der psychologischen und der spirituellen. Im psychologischen und esoterischen Sprachgebrauch werden manchmal dieselben Wörter in unterschiedlichen Bedeutungen benutzt. In der psychologischen Terminologie bezieht sich psychisch auf alles, was der Psyche zugeordnet ist (s. Glossar). Es dient dazu, die Interaktion zwischen Persönlichkeits- und Verhaltensmustern zu beschreiben, die jedes Individuum zu einem einzigartigen Wesen mit vielerlei Facetten macht.

Im Bereich der Esoterik bezeichnet das Wort »psychisch« eine besondere Art Sensibilität. Das psychische Individuum erfährt möglicherweise Vorahnungen, entweder in Träumen, Visionen oder »Wissen«. Kristallkugelseher nutzen diese psychische Fähigkeit. Tarot, Handlesen und Astrologie sind dabei, sich wieder ernsthaft zu etablieren. Sie bieten uns wertvolle spirituelle Führung. Es gibt auch Praktiken, die von einer bestimmten psychischen Ebene energetisiert werden können. Die psychische Fähigkeit selbst ist wichtig für die Intuition und spirituelle Übung. Wenn sie jedoch auf der Solarplexusebene blockiert wird, ist sie begrenzt. Psychische Führung wird dann dazu tendieren, sich lediglich auf die materielle Welt zu erstrecken, die Zukunft, unser Liebesleben, Glück und all die Gebiete, die wir im Allgemeinen mit Vorhersage der Zukunft in Verbindung bringen. Erst wenn die psychische

Fähigkeit die Eigenschaften des Herz- und Stirnchakras integriert, wird sie wahrhaft spirituell.

Psychische Energie ist für Phänomene wie Telekinese verantwortlich, für Löffelverbiegen, Uhrenanhalten, Poltergeister und Psychometrie (die Kunst, sich auf ein Objekt einzustimmen, um etwas über seine Geschichte oder seinen früheren Besitzer zu erfahren). Die Polizei konsultiert gelegentlich ein Medium mit starken psychischen Fähigkeiten, um vermisste Personen oder Gegenstände zu finden.

Die psychische Welt kann beängstigend sein, aber die psychische Energie ist ein notwendiger Teil der Vision. Sie ist eine Kraft, die uns jederzeit befähigt, unsere spirituelle Zielrichtung zu sehen, zu definieren, zu erweitern und zu verändern.

DAS ENTWICKLUNGSALTER

Die Zeitspanne zwischen dem achten und dem zwölften Lebensjahr hält große Veränderungen für ein Kind bereit. Es strebt in eine größere Unabhängigkeit des Seins, die den Eltern manchmal Schwierigkeiten bereitet. Es ist wichtig zu erkennen, dass trotz des Strebens des Kindes ernste Probleme auftreten können, wenn Kinder zu energisch oder zu früh in eine Welt gedrängt werden, in der man kindliche Dinge lächerlich macht. Besonders Männer haben darunter gelitten, in diesem jungen Alter in ein Internat geschickt worden zu sein, und müssen eine Menge Kummer aufarbeiten. Das Kind bedarf gut abgestimmter, wachsender Unabhängigkeit bei fortgesetzter sanfter und liebevoller Unterstützung.

Die Angehörigen dieser Altersgruppe sind auf neue Weise anspruchsvoll. Zunehmende Ichstärke wird spürbar. Der sich entwickelnde Intellekt besitzt einen unersättlichen Appetit auf immer mehr Wissen über die uns umgebende Welt. Informationen werden mit großer Geschwindigkeit verschlungen und verdaut, und die Fragen nehmen kein Ende. Es bedarf eines reichhaltigen, anregenden Menüs, wenn intellektuelle Entbehrungen und geistige Fehlernährung vermieden werden sollen.

In dieser Phase werden die Jungen oft von den Mädchen übertroffen, besonders hinsichtlich ihrer körperlichen Entwicklung. Die meisten zwölfjährigen Mädchen weisen heutzutage deutliche körperliche Merkmale der

Pubertät auf. Die Zwölfjährigen beiderlei Geschlechts haben in den vergangenen vier Jahren eine beträchtliche Wegstrecke zurückgelegt.

Für die Eltern gibt es neue Probleme und Überlegungen. Auf der einen Seite steht die Faszination, junge Menschen zu beobachten und ihnen den Weg zur Reife zu ebnen, auf der anderen Seite bedarf es großen Feingefühls, die sich verändernden Beziehungen zu gestalten und das richtige Maß an Freiheit zu gewähren. Dabei darf nicht der Schutz fehlen, der Unerfahrenheit vor dem Desaster bewahrt. Die Entscheidungen, die das Kind in einem vergleichsweise jungen Alter trifft, können Langzeitfolgen haben. Verbitterung und Ressentiments können die Folge sein, wenn nicht genügend Wahlmöglichkeiten zur Verfügung stehen. Peter sagte: »Meine Eltern und Lehrer haben alle Wahlen für mich entschieden. Ich fühlte mich zu wenig gesehen und gehört.«

Übergangsrituale

Das Durchschreiten der Chakren nimmt Bezug auf die traditionelle Würdigung von Übergängen. Die obere Altersgrenze des Solarplexuschakras entspricht etwa dem Einsetzen der Pubertät. Gesellschaften, die wir oft etwas herablassend als primitiv betrachten, heben diesen und andere Marksteine im Leben hervor und feiern sie nachdrücklicher, als wir das tun. Unsere Rituale um Altern, Heirat, Geburt und Tod sind häufig unbestimmt. Es kann gesund und bestärkend sein, Wandlungen im Leben zu kennzeichnen und die Momente zu feiern, von denen an wir neue Verantwortungen übernehmen, neue Vorrechte genießen und alte Muster zurücklassen. Eine solche Würdigung hilft bei der Definition der wechselnden Beziehung zwischen Eltern und Nachkommen. Solche Feiern mögen einfach oder überschwänglich sein, sie können in jedem Fall das Familienleben bereichern und Sachverhalte klären, die sonst ungeklärt blieben.

DIE FARBEN

Klares helles Gelb ist eine geistige Farbe. Sie ist hilfreich bei Arbeiten, die ein gutes Faktengedächtnis erfordern. Benutze gelbe Aktenordner und gelbes Büromaterial auf deinem Schreibtisch oder in deinem Arbeitsbereich. Verwende eine gelbliche Birne in deiner Schreibtischlampe.

Zur Heilung im Solarplexusbereich eignen sich vor allem goldene und rosa Farben. Gold sollte man sich wie reines, mildes Sonnenlicht vorstellen. Tatsächliches Sonnenlicht auf dem Solarplexus kann den Stoffwechsel und die Sehkraft positiv verändern und das allgemeine Wohlbefinden im physischen Körper erhöhen. Allein das Wort »Solar« schafft eine Verbindung zwischen dem Solarplexuszentrum und der Sonne und allem Lichten, Feurigen und Bewussten. Rosa vermittelt die Sanftheit, die der Solarplexus ebenfalls benötigt. Es kann nicht oft genug betont werden, dass das Chakrensystem vielseitig vernetzt und verwoben ist. Es ist wichtig, dass man keine rigiden und hochspezialisierten Einzelabschnitte entwickelt. Die primären Instinkte der Wurzel führen zu den leidenschaftlichen Gefühlen des Sakralchakras. Auf der Ebene des Solarplexus brauchen die ursprünglichen Gefühle mit zunehmender Ichentwicklung weitere Anpassung. Rosarot lässt diese Anpassung sanft und reibungslos vor sich gehen.

DAS ELEMENT

Die Elemente Erde und Wasser werden in ihren Eigenschaften vorwiegend dem Weiblichen, Rezeptiven und dem Yin zugeordnet. Feuer ist männlicher, aktiver und Yang.

Feuer verzehrt, setzt aber auch Prozesse in Gang, verändert Dinge und ermöglicht Assimilation. Wir bezeichnen uns als brennend vor Begierde, Leidenschaft oder Entschlusskraft. Wir spüren das Feuer der Phantasie und des Geistes. Wenn die Funktion des Solarplexus zu schwach ist, neigen wir dazu, in einer sinnwidrigen Tretmühle hängen zu bleiben und sind wie Peter nicht in der Lage zu erkennen, wo kreative Veränderungen im Leben herbeigeführt werden können. Vision und Aktion sind dann gleichermaßen blockiert. Das von einem gut funktionierenden Solarplexus genährte Feuerelement bringt Lust und Leidenschaft ins Leben.

Ein überaktiver Solarplexus kann uns mit seinem Feuerelement zu feurig, trocken, reizbar, unbequem und stachlig werden lassen. Nahrung wird in unserem Körper zu rasch verbrannt und Nährstoffe werden unvollständig resorbiert.

DER SINN

Das Sehen wird durch Licht angeregt und gehört folglich zum Feuerelement. Der Begriff »Sehen« bezieht sich beim Solarplexus sowohl auf die schöpferische Vision als auch auf die physiologische Sehkraft. Ein gesunder Solarplexus befähigt uns, unser Leben gut und weise zu planen und zu erkennen, wann der Wind für eine Veränderung günstig steht. Wenn du dir vorstellst, dass die Farbe Gold in den Solarplexus flutet, werden sich deine physiologische Sehkraft und deine visionäre Kraft steigern.

DER KÖRPER

Der Astralkörper besteht aus feinstofflichen fließenden Energien und ist gelb, gold, rosa oder aus einem klaren, leicht elektrischen, silbrigen Blau.

Bei Nahtoderfahrungen berichten Menschen oft, in einem anderen Teil des Raums zu sein und zu beobachten, was ihrem physischen Körper geschieht. Überlebende von schweren Unfällen haben beobachtet, wie ihr physischer Körper behandelt wurde, während ihr Bewusstsein oder Wesen in gewisser Entfernung wartete, abseits von Qual und Schmerz. Bei solchen Erfahrungen zieht sich das Bewusstsein in den Astralkörper zurück.

Viele Menschen machen sich auf den spirituellen Weg, weil die Möglichkeit von Astralreisen sie fasziniert. In einem veränderten Bewusstseinszustand sind Reisen durch Raum und Zeit möglich. Jemand, der speziell mit dem Astralkörper arbeiten möchte, sollte sich an eine gut eingeführte Esoterikschule wenden oder einen anerkannten Lehrer suchen.

Die höhere Astralebene ist nach der Beschreibung von Esoterikern sehr schön. Sie bietet fließende Landschaften und Tempel der Heilung. Sie ist die Ebene der liebevollen Begegnung mit Führern, Helfern und engelhaften Wesen.

Niedere Schichten der Astralebene sind weniger anziehend. Gestalt gewordene Gedanken und negative Wesen bevölkern diese Regionen. Manche Erlebnisse während eines schlechten Drogentrips oder eines schizophrenen Schubs können von einer Verletzlichkeit herrühren, die durch ungewolltes Eindringen in dieses Reich entstanden ist. Einige Heiler und Therapeuten sind darauf spezialisiert, denen zu helfen, die in einen solchen Einflussbereich geraten sind. Das Glossar bietet weitere Information zu dem Stichwort astral.

DIE DRÜSENVERBINDUNG

Es gibt zwei Nebennieren, jeweils aus Rinde und Mark bestehend, die im Bauchraum oberhalb der Nieren liegen. Obwohl sie anatomisch ein Organ sind, dienen sie verschiedenen Herren. Das Nebennierenmark wird durch Nervenimpulse angeregt, während die Nebennierenrinde eine endokrine Drüse ist, die wiederum durch Hormone aktiviert wird, die von der Hypophyse stammen.

Die Nebennierenrindenhormone sind lebenswichtig. Cortisol ist ein Energieerzeuger, aber auch ein Energiespeicher und reguliert das Feuerelement im Körper. Aldosteron verhindert übermäßigen Wasserverlust durch die Nieren und sorgt für das äußerst wichtige Natrium–Kalium-Gleichgewicht im Körper.

Das Nebennierenmark stellt uns den Kampf-oder-Flucht-Reflex zur Verfügung, indem es zusätzliches Adrenalin in den Organismus ausschüttet, sobald schnelle Reaktionen erforderlich sind.

Wenn wir dauernd unter einem Übermaß an Stress leiden, brauchen wir unsere Adrenalinreserven schneller auf, als sie ersetzt werden können. Es kann dann zu einem physiologischen Zusammenbruch kommen, zu dessen Genesung es langer Ruhe und Pflege bedarf. Die Behandlung des Solarplexuschakras hilft Stress abzubauen und beugt Nervenzusammenbrüchen vor.

DIE DÜFTE

Vetiver und Rose beruhigen, während Bergamotte und Ylang-Ylang anregen. (Bergamotte ist eine Zutat im Earl Grey Tee.) Verwende die beruhigenden Düfte, wenn du an Krankheiten des Verdauungstrakts wie Colitis oder Geschwüren leidest, wenn du Schwierigkeiten hast, dich inmitten großer Menschenmengen aufzuhalten oder mit der Untergrundbahn zu fahren und wenn du dich in einer Übergangsphase in deinem Leben befindest. Benutze die anregenden Düfte bei trägem Stoffwechsel, Fehlsichtigkeit und Angst vor Veränderung.

DIE KRISTALLE UND EDELSTEINE

In Kapitel 16 finden sich Informationen zur Arbeit mit Kristallen und Edelsteinen.

• *Zitrin* wurde schon beim Sakralzentrum erwähnt. Der hellere, klarere, gelbere Zitrin kommt dem Solarplexus besonders zugute. Er unterstützt die Entwicklung von Klarheit, Wärme und Bewusstsein des Selbst. Ebenso dient er zur Heilung von Verdauungsstörungen.

• *Apatit* verhilft zu Konzentration und intellektuellem Denken und fördert die Entwicklung logischer Kommunikation.

• *Kalzit* kommt in vielen Farben vor. Orange- und honigfarbene sowie gelbe Kalzite dienen zur psychischen Entwicklung und bieten während des Studiums Unterstützung. Sie helfen den höheren Willen mit dem niederen Willen zu verbinden.

• *Kunzit* ist normalerweise rosa. Er fördert Selbstdisziplin, Selbstachtung, innere Ausgeglichenheit und die Entwicklung von Mitgefühl und sanfter Kraft. Er stärkt bewertungsfreie, unbestechliche Selbstbeobachtung.

• *Rosenquarz* hilft das Chakra flexibel zu halten. Der Solarplexus ist ein »Stoßdämpfer«. Unter dem Eindruck von Stress wird er spröde und unbeweglich. In solchen Fällen sollte man Rosenquarz verwenden.

• *Eisenpyrit* bringt Entschlusskraft, hilft auf allen Ebenen der Assimilation und ermutigt, das vollständige eigene Potenzial zu entdecken.

• *Topas* fördert Heiterkeit und Humor. Er hilft Vorausschau und Zielstrebigkeit zu verwirklichen.

• *Malachit* unterstützt psychische und spirituelle Fähigkeiten sowie das Erinnern von Träumen. Er heilt auch physiologische Probleme der Sehkraft.

ZUM ABSCHLUSS

In der psychologischen Terminologie ist der Solarplexus der Sitz des Ichs. An diesem Ort sagen wir selbstbewusst »ich« und stehen im Kontakt mit unseren Bedürfnissen, Wünschen und Vorstellungen vom Leben und der Welt, die uns umgibt.

Die viel zitierte spirituelle Mahnung, das Ich aufzugeben, ist suspekt und gefährlich, weil sie Fehlinterpretationen Tür und Tor öffnet. Das Ich bedeutet Identität. Es muss stark entwickelt sein, bevor man gefahrlos weitere Erforschungen vornehmen kann. Einige psychotische Zustände gehen einher mit Identitätsverlust. Erst zum Schluss kann sich das Ich dankbar und mit Freude einer höheren Macht und Bestimmung hingeben. Ist das Ich ein starkes und gut bearbeitetes Werkzeug, birgt es das Potenzial, ein noch besseres Instrument im Dienste jener höheren Macht zu sein.

Das Sanskritwort für den Solarplexus lautet *manipura*. In der klassischen Überlieferung hat er zehn Blütenblätter.

DIE ARBEIT MIT DEM SOLARPLEXUSCHAKRA

Kontakt aufnehmen

Schau dir auf der Abbildung im ersten Kapitel die Lage deines Solarplexuschakras an. Folge dann der Kontaktübung aus dem Kapitel 3. Schließe die Übung »Bilder und Symbole« an, wobei du an den entsprechenden Stellen jeweils das Wort »Solarplexus« einsetzt.

Geführte visuelle Meditation

Stelle sicher, dass du ungestört sein wirst, und finde dann eine bequeme Stellung im Sitzen oder Liegen … nimm eine symmetrische Körperhaltung ein und entspanne dich … schließe die Augen und visualisiere die Solarplexusfarben … helles klares Gelb, weiches Goldgelb und ein sanftes rosiges Rosa … die Farben umgeben und wärmen dich, dein ganzer Körper fühlt sich lebendiger … stell dir vor, du sitzt auf einem Hügel nahe am Meer … Kiefern wachsen fast bis ans Ufer … es gibt eine Bucht mit weißem Sandstrand … die Sonne scheint warm und golden, und das Meer hat viele Blau- und Blaugrünfarben … klares Wasser, sanfte Wellen … weiter draußen liegt eine kleine Insel … dicht mit Kiefern bewachsen wirkt sie beinahe kreisförmig … du gehst hinunter zum Strand … nimmst die Geräusche, Düfte und Schönheit wahr, die dich umgeben … zieh deine Schuhe aus, spüre den festen Sand und lass dabei das sanft bewegte Meer deine Füße und Knöchel umspülen … die Sonne bildet eine Lichtbahn zur Insel hinüber … und du beschließt sie zu beschreiten … in Träumen und Meditationen wird diese Lichtbahn tatsächlich zu einer Brücke, über die du gehen kannst … wenn du auf der Insel ankommst, folgst du einem Waldpfad … er scheint zum Mittelpunkt der Insel zu führen … ein Gefühl tiefen Friedens umgibt dich … der Boden scheint geweiht zu sein … du gelangst auf eine runde Lichtung … dort gibt es eine Vertiefung, die sorgfältig mit gelben, goldenen und rosa Kristallen ausgekleidet ist … in diesem kristallenen Becken brennt eine starke Flamme … beim

Näherkommen erkennst du, dass du dich dem eigentlichen Mittelpunkt deines Seins näherst ... du nimmst Platz, um die Reflexe der Flamme zu beobachten ... du fühlst dich zentriert und friedvoll, in Kontakt mit deiner ursprünglichen Identität ... in jeder Hinsicht angenommen ... du weißt, dass diese Flamme deine Flamme ist und dass sie die Macht hat, deine Energie und dein Verständnis für deine Bestimmung zu stärken und zu bestätigen ... verweile in ruhiger Versonnenheit ... dann kehre zum Rand der Insel zurück ... schreite über die sonnenerhellte Brücke ... zum Strand ... zurück in die Bewusstheit deines Atems in deinem Körper, deines Kontakts mit dem Boden, deiner Gegenwart in deiner alltäglichen Welt ... denke daran, dass du jederzeit zu dem Ort der Flamme zurückkehren kannst, wenn du innere Kraft und Bestätigung brauchst ... zeichne das Lichtkreuz im Lichtkreis über deinem Solarplexuschakra und visualisiere um dich herum einen Kapuzenumhang aus weißem Licht.

Fragen

Denke über die Fragen nach »Wie sehe ich die Welt?« und »Wie sieht die Welt mich?«

Düfte

Verwende die Düfte für dieses Chakra, um es zu aktivieren, zu beruhigen oder auszugleichen. Siehe die Anweisungen und Empfehlungen in Kapitel 3.

Farben

Atme in dein Solarplexuschakra und füttere es mit den am Anfang des Kapitels angegebenen Farben. Denke daran, die Farben durchsichtig zu visualisieren. Schließe die Blütenblätter und stelle dir zum Schluss das Kreuz oder den Stern im Lichtkreis vor.

Berührung mit anderen Faktoren

Denke über deine Wünsche und Bedürfnisse nach. Was erwartest du vom Leben? Was brauchst du vom Leben? Unterscheide deutlich zwischen Bedürfnissen und Wünschen. Was für die einen ein Bedürfnis ist, ist für die anderen ein Luxus. Jeder Mensch ist ein Individuum. Betrachte deine Wünsche, ohne sie zu bewerten. Überlege, welche du zu verwirklichen trachtest und welche möglicherweise blockiert sind. Denke darüber nach, ob du noch immer an den elterlichen Botschaften festhältst, was für dich gut oder richtig ist. Versuche zu erkennen, was du für dich willst, brauchst oder wünschst.

Übergangsrituale

Denke zurück an deine Pubertät, und frage dich, ob sie als Übergangsritual hinreichend spürbar war. Gibt es in deinem Leben jetzt etwas, das du gern feiern möchtest? Wenn ja, lass dir ein privates oder öffentliches Fest einfallen und organisiere es.

Affirmation

Meditiere und denke über die Worte vom Anfang des Kapitels nach.

Kapitel 6

Das Herzchakra

Ort Auf derselben Höhe wie das physische Herz, jedoch in der Körpermitte. Der Stiel weist zum Rücken.
Stichworte Mitgefühl, Gefühl, Zärtlichkeit, Liebe zu Gott, Liebe zu anderen, Loslösung
Entwicklungsalter 12 – 15 Jahre
Farben Frühlingsgrün, Rosa, Altrosa
Element Luft
Sinn Berührung
Körper Gefühl
Drüsenverbindung Thymus
Beruhigende Düfte Sandelholz, Rose
Anregende Düfte Kiefer, Geißblatt
Kristalle und Edelsteine Smaragd, grüner Kalzit, Bernstein, Azurit, Chrysoberyll, Jade, Turmalin
Gebet oder Affirmation
In der goldenen Mitte der Rose des Herzens soll zärtliches Mitgefühl mit bedingungsloser Liebe verbunden sein. Die wahrhafte Loslösung ermögliche Wachstum und Dauerhaftigkeit. Durch das Verständnis von Geburt im Tod und Tod in Geburt möge Wandlung geschehen.

Fallbeschreibung
Imogen ist eine Heilerin. Ihre Klienten loben ihre Heilkräfte, ihre Fürsorge und Hingabe. Sie wird als die Offenherzigkeit und Liebe selbst beschrieben.

Vor sechs Monaten ging Imogen wegen ihrer zunehmenden Müdigkeit zu einer medizinischen Untersuchung. Man fand heraus, dass sie unter Stress litt und warnte sie wegen einer Herzschwäche.

Diese Geschichte ist unter Heilern und Helfern nur allzu verbreitet. Helfer tendieren dazu, mit weit offenem Herzen für jeden zu sorgen außer für sich selbst. Es kann sehr schwierig sein, die Sorgen abzuschütteln, die andere Menschen einem anvertrauen. Als Imogen den Urlaub nahm, zu dem viele ihrer Freunde sie gedrängt hatten, fuhr sie mit ihrer Tochter und deren Familie an die See. Damit ihre Tochter sich etwas Ruhe gönnen konnte, beschäftigte sie sich viel mit ihrem geistig behinderten Enkel. »Es war eine sehr nette Unterkunft mit Selbstverpflegung«, sagte sie, »in Strandnähe, und Jimmy war dort richtig glücklich.« Es war offensichtlich, dass Imogen ihre gesamte Zeit mit Einkaufen, Kochen und Babysitting verbracht hatte. Natürlich hatte sie das jede Minute von Herzen gern getan. Sie ist zu Recht stolz auf ihre Familie und wird von ihr geliebt und geschätzt, aber es war in keiner Weise der ruhige Urlaub, den Imogen brauchte. Kurz darauf merkte sie, dass ihre Müdigkeit unnormal war und dass sie weitere Symptome hatte, die eine Untersuchung erforderten.

Das Muster, das sich an Imogens Fall ablesen lässt, ist das eines hyperaktiven, weit geöffneten Herzchakras. All ihre Liebe und Fürsorge floss zu den anderen. Das Chakra war – ebenso wie das physische Herz – erschöpft. Es hatte an Flexibilität verloren. Imogen war ziemlich bestürzt, als sie Hilfe bei mir suchte, und ich legte ihr nahe, dass sie als Erstes lernen müsse, die Blütenblätter ihres Herzchakras zu schließen.

Damit wollte ich nicht sagen, sie solle aufhören, fürsorglich und gefühlvoll zu sein. Sie sollte nur manchmal, wenn sie allein ist und vor allem vor dem Schlafengehen, einen geeigneten geistigen Rahmen schaffen, um ihre Energien wieder aufzufüllen. Imogen erkannte, dass sie so nicht weitermachen konnte. Wenn sie selbst müde und krank war, konnte sie anderen nicht mehr helfen. Es fiel ihr sehr schwer, Hilfe, Heilung und Fürsorge anzunehmen, aber wir machten weiter. Spirituelles Heilen brachte ihrem Herzchakra mehr Flexibilität. Sie arbeitete auch daran, in einem entspannten meditativen Zustand die Blütenblätter ihres Herzchakras sich immer wieder öffnen und schließen zu sehen. Auf diese Weise wurde die Flexibilität größer und Imogen stellte fest, dass sie sich viel besser und weniger verletzlich fühlte, wenn die Blütenblätter ihres Herzchakras leicht geschlossen blieben. So behielt sie ihr eigenes Wohlbefinden, ohne sich dem Herzenskontakt zu anderen völlig verschließen zu müssen.

Als ich mich auf die Farben in ihrem Herzchakra einstimmte, waren sie sehr blass, und es fehlte ihnen an Vitalität. Das Heilen durch Farbe half, aber Imogens eigene Visualisierung von Farbe für ihr Chakra war ebenso wichtig.

Allmählich lernte Imogen sich zu versorgen und völlig zu entspannen. Sie befolgte alle medizinischen Ratschläge und kombinierte sie mit den spirituellen Heilungen, die sie empfing. Auch die Konzentration auf Selbstheilungstechniken gelang ihr, aber es braucht Zeit, tief eingegrabene Verhaltensmuster zu verändern.

In psychologischem Sinne überkompensierte Imogen. Ihre Jugend war schwierig gewesen. Als sie 14 war, starb ihre Mutter nach langer Krankheit an Krebs. Imogen, die Älteste von drei Kindern, erlebte frühe Trauer und musste eine große Verantwortung tragen. Eine solche Erfahrung hätte sie dazu bringen können, ihr Herzchakra zu verschließen und überbeherrscht und distanziert zu werden. Stattdessen fand sie das Gefühl von Zugehörigkeit und Familie, das sie entbehrt hatte, in der Fürsorge für andere. So hatte sie das »Spielen« vergessen und musste es von neuem lernen.

DIE STICHWORTE

Mitgefühl

Ursprünglich bedeutet das Wort compassion »mit Leid« und impliziert Anteilnahme mit einer Person, einer Sache oder einer Lebensproblematik. Mitgefühl bietet Verständnis ohne jegliche Wertung. Aus der indianischen Kultur stammen die Worte: »Richte niemanden ohne nicht wenigstens eine Meile in seinen Mokassins gelaufen zu sein.« Sie geben die eigentliche Bedeutung von Mitgefühl wieder.

Gefühl

Im Herzchakra wandeln sich primäre Emotionen zu wahren Gefühlen. Es gibt einen Reifungsprozess, ausgehend von den leidenschaftlichen Emotionen im Sakralzentrum über die Selbstbewusstheit im Solarplexus bis hin zu der durch Weisheit gemilderten Qualität des Fühlens, die aus einem entwickelten Herzchakra stammt. Ein herzlicher Mensch bereichert das Leben mit einer Gefühlsqualität, ohne selbst von ungezügelten Emotionen regiert oder getrieben zu werden. Es ist möglich, Gefühle zu haben, sie zu akzeptieren und mit ihnen umzugehen, ohne dass unser Leben in einer Weise beherrscht wird, die Rationalität und Verantwortlichkeit vermissen lässt. Man kann Emotionen zähmen, ohne sie verleugnen zu müssen. Ihre Energie kann bedachtsam genutzt werden und auf diese Weise Selbstachtung und Bestätigung steigern.

Zärtlichkeit
Unter Zärtlichkeit ist hier nicht allein der aktive Aspekt zu verstehen, zärtlich zu anderen zu sein, sondern auch eine Zartheit des Wesens. Während wir unsere größten Stärken demonstrieren, sind wir zugleich zart und verletzlich. Wenn wir unser Herz öffnen, offenbaren und erklären wir uns gegenüber der Welt. Wir werfen uns selbst in die Waagschale. Nur wenn wir bereit sind, in solcher Weise verletzlich und zart zu sein, können wir anderen Zärtlichkeit, wahres Gefühl und Mitgefühl schenken.

Liebe zu Gott
Manch einer würde vielleicht dem Wort »Gott« ein anderes vorziehen. Es dient hier zur Bezeichnung der Quelle alles Seins und nicht – auch nicht unbewusst – zur Unterscheidung. Die Herzenergie verleiht uns Liebe zu den Mysterien des Lebens und bietet uns eine Basis, die mehr ist als nur eine intellektuelle oder philosophische Lebensgrundlage. Diejenigen, deren Leben vom Herzen regiert wird, haben den tief verwurzelten, jedoch nicht naiven Glauben, dass unserer Existenz ein positiver Schöpfungsplan und Sinn zugrunde liegt, der unser Potenzial bestimmt.

Liebe zu anderen
Dieses Stichwort spricht für sich selbst. Imogen mit ihrem offenen Herzen hat eine große Liebe zu anderen Menschen. Ein gesundes Maß an Selbstliebe ist genauso notwendig, aber weitaus schwieriger. Das entwickelte Herzchakra ermöglicht ein ausgewogenes Fließen in beide Richtungen.

Loslösung
Loslösung bedeutet nicht kalter oder achtloser Rückzug, doch das Fehlen dieser Eigenschaft brachte Imogen schließlich in Schwierigkeiten. Helfer müssen die Fähigkeit erlangen, Situationen aus einer Distanz zu betrachten, die Klarheit bringt, welche wiederum eine nüchterne Einschätzung der Probleme

erlaubt. In diesem Sinne wird Loslösung zur Geburtshelferin für Liebe und Weisheit.

DAS ENTWICKLUNGSALTER

Jugendliche zwischen 12 und 15 Jahren sind oft zart und verletzlich. Sie stehen der Welt aufgeschlossen gegenüber, packen Probleme mit Leidenschaft an, stellen sich mutig neuen Erfahrungen, sind mit den überwältigenden Gefühlen der ersten Liebe und mit Liebeskummer beschäftigt, schreiben Tagebuch und lassen sich inspirieren, Gedichte zu verfassen.

Diese Altersgruppe braucht weiterhin Unterstützung und gleichzeitig einen hinreichend großen Freiraum zur Erkundung. Das Vertrauen zwischen Eltern und Kindern wird oft sehr belastet. Die Würdigung, die ein zur jungen Frau heranwachsendes Mädchen von ihrem Vater erfährt oder eine Mutter ihrem sich zum Mann entwickelnden Sohn entgegenbringt, stellt für manche Eltern eine schwer zu bewältigende Herausforderung dar. Wenn ein junger Mensch sich zu erwachsener Reife und Selbstsicherheit entwickeln soll, muss der gegengeschlechtliche Elternteil ihm von der Pubertät an Erlaubnis und Anerkennung gewähren. Viele Alleinerziehende finden diese Zeit sehr schwierig. Ist der andere Elternteil nicht präsent, kann häufig ein verständnisvoller Onkel oder eine Tante in die Bresche springen. Auch Großeltern können gute Verbündete sein. Misslingt nämlich die Vermittlung dieser wichtigen Botschaften, entsteht auf der weiblichen Seite das Kind-Frau-Syndrom und auf der männlichen das Peter-Pan-Syndrom, bei denen jeweils die Entwicklung zur wirklichen Reife unterbunden wurde.

Da viele Eltern wissen, dass ihre Kinder Empathie, liebevollen Rat und Erlaubnis benötigen, hat man bereits von einigen Kindern die Klage gehört, »dass es nichts gibt, woran man sich reiben könnte«. Eltern müssen sich damit abfinden, dass sie nie vollkommen sein können. In der Adoleszenz gibt es ein immanentes Bedürfnis nach Rebellion, und die Jugendlichen müssen etwas finden, worauf sich die Energie ihrer Unzufriedenheit konzentrieren kann. Eltern sollten dieses Stadium als eine gesunde Entwicklung anerkennen. Sie brauchen sich nicht ihrer eigenen Werte zu schämen, sondern sollten deutlich machen, warum sie ihre Glaubenssätze und Normen haben. Ein Kind, das uns Widerspruch entgegenschleudert, bietet Gelegenheit, uns unserer persönlichen Integrität und der Grundlagen unserer eigenen Regeln und Richtlinien stärker bewusst zu werden. Offenheit für Veränderung ist auch eine Eigenschaft des Herzens.

Ein auf dieser Entwicklungsstufe erlebtes Trauma kann eine vorhandene Disposition zu Asthma und Allergien akut werden lassen. Einige Formen von Asthma und Ekzemen existieren von Geburt an und können durch überängstliche Bemutterung hervorgerufen sein. Die Mutter hat vielleicht selbst ein verletztes Herzchakra, das die frühen Reaktionen des Kindes beeinflusst.

DIE FARBEN

Helles Grün ist die Farbe junger Buchenblätter im ersten Frühling. Das Rosa ist ein sanftes rosenrotes Rosa; Rosenquarzkristalle vermitteln die richtige Tiefe und Eigenschaft dieser Herzfarbe. Altrosa ist ein tieferes Rosa mit einem Hauch Malve, der ihm einen bläulichen Ton verleiht.

Frühlingsgrün heilt den Schmerz, der durch zu große Verletzlichkeit entsteht, und hilft das Herz zu öffnen, wenn es sich infolge von Widerstand oder verheerender emotionaler Erfahrungen verhärtet hat.

Rosa verleiht Wärme und Sanftheit. Es spendet der Trauer von Hinterbliebenen Trost. Altrosa stärkt das Herz nach Krankheiten oder bei Stresszuständen. Es wirkt ausgleichend auf den Blutdruck.

DAS ELEMENT

Luft als Element des Herzchakras steht im Widerspruch zu denjenigen Gedanken, die das Herz als Symbol der romantischen Liebe begreifen. Luft ist ein männliches, aktives, Yangelement. Diese Eigenschaften verschaffen dem Herzen die Loslösung und erfordern eine Unterscheidung zwischen romantischem Gefühl, Emotion und dem klar abschätzenden Gefühl, das zur Weisheit gehört.

Unser physischer Körper braucht jedes Element, aber der Tod tritt am schnellsten ein, wenn die Luft fehlt. Wir enthalten Luft. Wir existieren in Luft. Wir werden von ihr berührt. Luft erfüllt den so wichtigen Raum zwischen den Dingen, der ihre Unterscheidung und Definition ermöglicht. Wir erleben absolute physische Nähe zu einem Menschen, wenn wir seinen Atem atmen. Haben wir bisher das Herz als zu romantisch und das Luftelement als zu kalt, distanziert und intellektuell betrachtet, sollten wir diese Sicht überdenken, um zum wirklichen Verständnis des Herzchakras zu gelangen.

DER SINN

Berührtsein und zulassen, von anderen berührt zu werden, ist sehr wichtig. Kinder, die ohne Nähe und Berührung aufwachsen, leiden in ihrer Entwicklung. Doch Berührung ist darüber hinaus als Zartheit und Verletzlichkeit zu verstehen. Wir werden von Gefühlen und Emotionen ergriffen. Situationen berühren uns oder erregen unser Mitgefühl. Auf diese Weise berührt zu werden inspiriert zu Handlungen, die die Gesellschaft menschlicher machen.

DER KÖRPER

Wenn man Bewusstsein auf den Emotionalkörper überträgt, erfährt man Menschen und Gegenstände in besonderer Weise. Wir treten in einen Zustand der Besinnung, eine Ebene tiefer Meditation, auf der eine völlige Identifikation mit anderen Menschen, Bäumen, Felsen, Pflanzen, Kristallen oder Tieren herrscht. Wir erleben sie von innen und spüren ihr Wesen, ihre Rhythmen und Lebenszyklen. Der Emotionalkörper ermöglicht das von vielen Dichtern und Denkern beschriebene höchste mystische Erlebnis totaler Einheit. Ihm sind auch die erdbebengleichen, absolut befriedigenden Orgasmen zuzuschreiben.

Der Emotionalkörper hat eine vitale, weniger fließende Beschaffenheit als der zuvor beschriebene Astralkörper. Die Verwendung der Herzfarben in deiner Umgebung oder bei deiner Meditation unterstützen seine Entwicklung.

DIE DRÜSENVERBINDUNG

Die Funktion einiger Drüsen bleibt selbst der modernen Wissenschaft ein Mysterium. Dazu gehört auch die Thymusdrüse. Sie ist Teil des lymphatischen Systems und liegt unmittelbar unterhalb der Schilddrüse und der Nebenschilddrüsen. Sie sondert ein Hormon ab, das als Thymusfaktor bekannt ist, und beginnt zwischen dem 12. und 15. Lebensjahr zu schrumpfen. Man vermutet, dass sie in Beziehung zum Wachstum und zum Übergang von der Kindheit zum Erwachsenenalter steht.

DIE DÜFTE

Sandelholz und Rose beruhigen das Herzchakra, während Kiefer und Geißblatt es anregen. Imogen verwendet zur Unterstützung ihres Heilungsprozesses die beruhigenden Düfte als Parfum, Badeöl und in ihrer Umgebung. Wer Schwierigkeiten damit hat, seine Gefühle auszudrücken, oder zaghaft mit Berührung umgeht, dem kommt Kiefer und Geißblatt zugute.

DIE KRISTALLE UND EDELSTEINE

Informationen, wie man mit Kristallen und Edelsteinen arbeitet, finden sich in Kapitel 16.

- *Smaragd* hilft Loyalität, Vertrauen, romantische und spirituelle Liebe zu entwickeln. Er unterstützt den Ausgleich von Herz und Geist sowie die Entwicklung von Weisheit.
- *Grüner Kalzit* heilt alle feinstofflichen Körper, vor allem aber den Emotionalkörper. Er unterstützt die Kommunikation zwischen Kopf und Herz und stärkt in Phasen des Wandels und des Übergangs. Er hilft die Wunden des Herzens zu heilen und positive Zartheit zu entwickeln.
- *Bernstein* harmoniert in allen Farbnuancen mit dem Herzchakra. Er wirkt reinigend und begünstigt Ausgewogenheit und Liebe.
- *Azurit* fördert Mitgefühl. Er ist dem Luftelement verbunden und unterstützt die Heilung von Allergien und Asthma.
- *Chrysoberyll* existiert in vielen verschiedenen Farben und Formen. Smaragd ist eine davon. Diese schönen, aber vergleichsweise seltenen und teuren Steine bringen Freundlichkeit und Großherzigkeit. Sie stimmen versöhnlich und beleben alle Energien wieder. Man nennt sie gelegentlich Steine der ewigen Jugend.
- *Jade* reguliert den Herzschlag und dient der Zunahme von Vitalität, Langlebigkeit und Lebenskraft. Er hilft auch bei der Entwicklung von Heiterkeit, Weisheit, Harmonie und Klarsicht.

• *Turmalin* kommt in einem großen Farbspektrum vor, aber seine wassermelone- oder rosafarbenen Varianten sind für das Herzchakra besonders günstig. Turmaline fördern Toleranz, Flexibilität, Mitgefühl und Transformation. Sie unterstützen Harmonie und die Fähigkeit, ohne Bewertung fein zu unterscheiden. Sie sind hilfreich, wenn sich das Herzchakra wegen Trauma, Verlust oder Tod verschlossen hat oder blockiert ist.

ZUM ABSCHLUSS

Der Solarplexus ist das Zentrum unserer Ichstruktur, doch das Herz bleibt das zentrale Chakra. Es ist Treffpunkt aller Energien, die von den oberen und unteren Chakren einmünden.

Das Pulsieren eines gesunden Herzchakras gleicht einem stetigen Herzschlag. Dieser Puls ist universell. Bei Ausgeglichenheit des Chakras stehen wir mit anderen und der Umgebung im Einklang.

Das Sanskritwort für Herz lautet *anahata*. In der klassischen Überlieferung hat es zwölf Blütenblätter.

DIE ARBEIT MIT DEM HERZCHAKRA

Kontakt aufnehmen

Stelle den Ort deines Herzchakras auf der Abbildung im ersten Kapitel fest. Wende die Kontaktübung aus Kapitel 3 an, und setze entsprechend das Wort »Herz« ein. Danach verfahre auf gleiche Weise mit der Übung »Bilder und Symbole«.

Geführte visuelle Meditation

Sitze oder liege bequem, und entspanne dich ... schließe deine Augen und folge dem Rhythmus deines Atems ... bringe den Atemrhythmus in dein Herzchakra, den Mittelpunkt deines Körpers ... spüre das Herzchakra wie eine Rose, die im Begriff ist sich zu öffnen ... sie duftet zart ... ihre äußeren Blätter sind frühlingsgrün, während es innen die Verheißung eines sanften Rosas gibt ... die Farben sind durchsichtig, ätherisch und doch hat die Rose selbst Substanz ... mit jedem Aus- und Einatmen entfalten sich die Blütenblätter weiter und verströmen immer mehr von ihrem Duft ... die Farben des

Herzzentrums umgeben dich … der Ansatz jedes Blütenblatts besitzt eine zarte, lichte, amethystfarbene Nuance … dein Herzzentrum pulsiert und dreht sich in stetigem Rhythmus … während Farbe und Licht intensiver werden, denke an Menschen in deinem Leben, die Heilung brauchen … an alle Situationen, die tieferes Verstehen erfordern … gestatte dir nicht, über Gründe, Argumente, mögliche Folgen nachzusinnen, halte nur jede Person oder Situation im Licht und Duft deines Herzzentrums und atme gleichmäßig … du spürst den stetigen Puls deines Herzzentrums … einen Rhythmus, der sich mit dem zentralen Rhythmus des Universums verbindet … mit den Rhythmen von Erde und See … mit den Luftströmen … und den flackernden Flammen des wärmenden Feuers … ein Gefühl von Heilung beginnt sich in dir auszubreiten … spüre diesen Rhythmus und die Heilung so lange du willst … wenn du bereit bist zurückzukehren, lass die Blütenblätter deines Herzchakras sich allmählich wieder zusammenfalten … halte sie locker und entspannt geschlossen … war das Zentrum zu Beginn der Meditation ziemlich offen, versuche es zum Schluss etwas spannkräftiger zu spüren … nimm frühlingsgrünes Licht um die Blüte deines Herzchakras und darüber wahr … kehre mit dem Rhythmus deines Atems zur Wahrnehmung deines Körpers zurück, zu deinem Kontakt mit dem Boden und zu deiner alltäglichen Umgebung … lass ein weißes Lichtkreuz in einem weißen Lichtkreis über deinem Herzchakra schweben und umgib dich mit einem weißen Licht … Spüre festen Bodenkontakt, bevor du deine normalen Tätigkeiten wieder aufnimmst.

Fragen

Sinne über die Fragen nach »Wie berühre ich die Welt?« und »Wie berührt die Welt mich?«

Düfte

Verwende die Düfte dieses Chakras, um es zu aktivieren, zu beruhigen oder auszugleichen. Siehe die Anweisungen und Vorschläge in Kapitel 3.

Farben

Atme in dein Herzchakra und füttere es mit den am Anfang des Kapitels angegebenen Farben. Stelle dir durchsichtige Farben vor. Schließe die Blütenblätter und visualisiere zum Schluss das Lichtkreuz oder den Lichtstern im Lichtkreis.

Kontakt mit dem Entwicklungsalter

Denke an die Phase deines Lebens, als du zwischen 12 und 15 warst. Wie sah deine Beziehung zu Eltern und Lehrern aus? Wie romantisch warst du? Welches waren deine Ideale, Hoffnungen und Ängste? Inwieweit haben sie sich verändert oder erfüllt?

Männliche und weibliche Prinzipien

Besinne dich auf die aktiven, männlichen, Yang- und die rezeptiven, weiblichen, Yinaspekte deines Wesens. Man hat das männliche Prinzip als konzentrierte Aufmerksamkeit definiert und das weibliche als diffuses Gewahrsein. Wie leicht oder schwierig ist es für dich, beide Prinzipien zu betrachten, ohne über die traditionellen Rollenmodelle in Verwirrung zu geraten, die Männern und Frauen von der Gesellschaft zugewiesen sind? Wie wohl oder unwohl fühlst du dich in dem Geschlecht, das du für die Zeit dieser Inkarnation hast? Wie wirkt sich dieser Aspekt auf Ausgeglichenheit und Harmonie in deinem Leben und in deinen Beziehungen aus?

Affirmation

Meditiere und sinne nach über die Worte vom Anfang des Kapitels.

Kapitel 7

Das Kehlchakra

Ort Hals, die Blütenblätter befinden sich vorn, der Stiel hinten.
Stichworte Ausdruck, Verantwortung, Kommunikation, universelle Wahrheit
Entwicklungsalter 15 – 21 Jahre
Farben Blau, Silber, Türkis
Element Äther / Akasha
Sinn Gehör
Körper mental
Drüsenverbindung Schilddrüse und Nebenschilddrüsen
Beruhigende Düfte Lavendel, Hyazinthe
Anregende Düfte Patschuli, weißer Moschus
Kristalle und Edelsteine Lapislazuli, Aquamarin, Sodalith, Türkis, Saphir
Gebet oder Affirmation
Hilf uns Verantwortung zu entwickeln. Möge universelle Wahrheit jede begründete Handlung durchdringen, so dass die Stimme der Menschheit zur wahren Harmonie mit der Stimme der Erde findet.

Fallbeschreibung

Franks Probleme mit seinem Kehlchakra wurden offenbar, sobald er sprach. Er war ein großer, gut aussehender Mann Anfang fünfzig. Seine Stimme war sanft, ziemlich hoch und monoton. Er räusperte sich häufig. Frank hatte Mühe zu formulieren, aber seine Geschichte entrollte sich nach und nach.

Im Alter von 18 Jahren war Frank zum Militärdienst einberufen worden. Er träumte davon, Tierarzt zu werden und hoffte, man würde ihn dem Veterinärcorps zuweisen, aber nach echter Militärtradition wurde er zu einem Panzerregiment abkommandiert. Etwas in ihm starb, und als er die Armee verließ, hatte er keinen Antrieb, seine unterbrochenen Studien wieder aufzunehmen.

Er trat in den Staatsdienst ein und war dort in der Verwaltung tätig. Stadt- und Büroleben ließen ihn völlig unerfüllt. Er betrachtete sich als langweiligen, uninteressanten Menschen, der wenig oder nichts zu bieten hatte. Versuche eine Beziehung aufzunehmen waren vergeblich. Frank lebte in einer leidlich bequemen Wohnung, die sich in der Nähe seiner Mutter befand. Sein Vater war früh an einem Herzanfall gestorben. Die Mutter hatte ein eigenständiges Leben geführt, wurde aber jetzt durch Arthritis und Asthma zunehmend bewegungsunfähig. Sie brauchte für ihre Lebensorganisation eine Menge Hilfe und Unterstützung von Frank. Deshalb hatte sie ihn gebeten, zu ihm zu ziehen. Diese Bitte hatte Frank veranlasst, über sich nachzudenken. Er fand die Aussicht, seine langweilige Arbeit mit der häuslichen Pflege seiner Mutter zu kombinieren, entsetzlich.

Sein Leben war eintönig, aber immerhin hatte er seine Freiheit. Er war belesen und begeisterte sich für Musik und Oper. Er hatte eine technisch anspruchsvolle Hi-Fi-Anlage in seiner Wohnung und verbrachte einen Großteil seiner Freizeit damit, berühmte Werke zu hören und zu studieren. Zuweilen ging er in die Oper. Seine wenigen Reisen waren immer mit Gelegenheiten verbunden gewesen, bekannte Orchester zu hören oder berühmte Opernhäuser zu besuchen. Wenn er bei seiner Mutter leben würde, müsste er wahrscheinlich selbst auf diese bescheidenen Vergnügungen verzichten.

Frank kam aus Verzweiflung. Heilen und Beratung war ihm fremd, aber er war bereit, alles zu versuchen. Ich gab ihm Heilung für sein Kehlchakra und trug ihm auf, jeden Tag eine Entspannungskassette zu hören, die Visualisierungen für dieses Chakra enthielt. In unseren vierzehntägigen Sitzungen ermutigte ich ihn, über die Visionen und Sehnsüchte seiner Jugend zu sprechen. Es war nötig, dass er über das Verlorene trauerte. Aus Verzweiflung ließ er sich dazu bewegen, einige Workshops zu besuchen, die sich mit der Stimme befassten. Allmählich begann sein Kehlchakra, das fest, zusammengezogen und farblich zu grell war, sich zu entspannen und ins Gleichgewicht zu kommen. Frank lächelte jetzt öfter, seine Stimme veränderte sich, und er fand zu neuer Vitalität.

Zu Beginn einer Sitzung erzählte Frank mir schüchtern, dass er sich an ein Kontaktvermittlungsinstitut gewandt hatte. Ich bewunderte seinen Mut und während der folgenden Monate seine Ausdauer. Schließlich fand seine

Geschichte ein fast märchenhaftes Ende. Er traf eine Opernliebhaberin in seinem Alter, die verwitwet war und ein großes Haus auf dem Land bewohnte. Die beiden heirateten und heute fährt Frank als Pendler zur Arbeit. So bald wie möglich will er in den vorzeitigen Ruhestand gehen, um gemeinsam mit seiner Frau eine Hunde- und Katzenpension zu eröffnen. Frank besucht seine Mutter immer noch regelmäßig. Sie kommt gut mit seiner Frau zurecht, die ihr eine verlässliche Hilfskraft besorgt hat. Frank glücklich verheiratet zu sehen gab ihr die Möglichkeit, einen Teil ihrer früheren Unabhängigkeit wieder aufleben zu lassen. Wenn die Zeit reif ist, wird sie Franks finanzielle Unterstützung annehmen und ein Pflegeheim in Franks Nähe beziehen. Für alle drei haben sich die Lebensmöglichkeiten erweitert. Frank ist dankbar für die Heilung, die er von mir erhalten hat, bleibt aber dem spirituellen Weg gegenüber noch misstrauisch. Das Kehlchakra hat eine doppelte Funktion, und seine Aktivierung und Heilung wird ihm wahrscheinlich zu gegebener Zeit ein tieferes Verständnis der Lebensmysterien ermöglichen.

DIE DOPPELTE FUNKTION DES KEHLCHAKRAS

Im Herzchakra begegnen und vermischen sich die von der Krone herab- und die von der Wurzel heraufﬂießenden Energien. Dabei ist das Kehlchakra eine Eingangspforte. Das siebenfache Chakrasystem ist in zwei interagierende Gruppen unterteilt und die Kehle gehört zu beiden. Als eins der fünf unteren Chakren ist es auf ein Element, ein Entwicklungsalter und einen der Sinne bezogen. Als das erste der drei oberen Chakren ist es mit transpersonalem Ausdruck und den Verbindungen zu höherem Selbst, Geist und Seele befasst.

Wenn die drei oberen Chakren offen und entwickelt sind, wächst häufig das Bedürfnis, der Menschheit zu dienen und nicht weiter in Vereinzelung zu leben. Der Dienst an der Gemeinschaft wird zu einem notwendigen und wesentlichen Bestandteil des eigenen Wachstums und der Bewusstheit.

DIE STICHWORTE

Sie haben übereinstimmend mit der Doppelfunktion des Kehlchakras eine doppelte Bedeutungsebene.

Ausdruck

Auf der ersten Ebene bedeutet Ausdruck die Suche nach Erfüllung, indem man all seinen persönlichen Begabungen oder Fähigkeiten ein Betätigungsfeld verschafft. Man muss seine eigene Stimme finden und gehört werden – im eigentlichen wie im übertragenen Sinne.

Auf der höheren Ebene ist Ausdruck mit der eigenen Spiritualität verbunden. Wir müssen kompromisslos wahrhaftig gegenüber dem Selbst sein und alle früheren Erwartungen an das Selbst und an andere immer wieder hinterfragen.

Verantwortung

Zunächst gilt es, Verantwortung für sein Leben zu übernehmen, erwachsen zu werden und die Übergangsriten des Älterwerdens mit den damit verbundenen Problemen zu erfahren.

Auf der zweiten Stufe bedeutet Verantwortung, auf die Forderungen einer göttlichen oder höheren Bestimmung zu reagieren und sie zu deuten. Berufung ist ein »Ruf«, der »gehört« wird. Es geht darum, diesen Ruf zu hören und ihm mit Überzeugung zu antworten.

Kommunikation

Das Leben selbst beruht auf Kommunikation. Tag und Nacht finden jeden Augenblick hochkomplizierte Kommunikationen in unserem physischen Körper statt. Das geschieht vom Moment der Empfängnis bis zum Augenblick des Todes. Jeder Körperteil ist von einem anderen abhängig. Wir werden uns der Existenz dieses Kommunikationssystems erst dann bewusst, wenn es zu kleineren oder größeren Zusammenbrüchen kommt. Wenn wir etwas essen, das unser Verdauungssystem protestieren lässt oder wenn uns eine Grippe befällt oder wenn wir entdecken, dass unsere Glieder uns nicht mehr gehorchen. In Zeiten der Gesundheit und des Wohlbefindens bleiben die Signale dieses fein abgestimmten inneren Kommunikationssystems unbewusst und das wunderbare Zusammenspiel wird für selbstverständlich gehalten. Die Arbeit mit dem Kehlchakra kann uns helfen, dem Körper mehr Gehör zu schenken und sensibler, und damit auch verantwortlicher, im Umgang mit unserer Gesundheit zu werden.

Durch die Kommunikation stellen wir uns in der Welt dar und leben in einem gewissen Sinn weiter. Wir brauchen sie zum Ausdruck von Ideen, zum

Informationsaustausch und zur Sammlung von Daten, die uns behilflich sind, die Welt zu verstehen. Die hochentwickelten Kommunikationssysteme unserer Zeit zeigen, dass wir uns der Lebenssituation unserer Mitmenschen in der ganzen Welt immer bewusster werden. Die Nachfrage nach spirituellen Medien, die Kommunikation in andere Welten ermöglichen, ist heutzutage ebenfalls sehr stark.

In ihrem Buch über Chakren (s. Bibliografie) beschreibt Judith Anodea die kreative Funktion der Kommunikation folgendermaßen: »Kommunikation erschafft Zukunft. Wenn ich zu dir sage ›Bring mir ein Glas Wasser‹, erschaffe ich mir eine Zukunft, die ein Glas Wasser in meiner Hand enthält. Wenn ich sage ›Geh, lass mich allein‹, erschaffe ich eine Zukunft ohne dich. Von Präsidentenreden und Vereinstreffen bis hin zu freundschaftlichen Gesprächen oder Ehestreitigkeiten – Kommunikation erschafft die Welt in jedem Augenblick. Die Hindus glauben, dass alles eine Frage des Lautes ist. Unsere eigenen Laute erschaffen mit jeder Schwingung die Form der uns umgebenden Dinge.«

Franks Stimme war verkrampft gewesen, und er hatte die Vision einer besseren Lebensqualität verloren. Viele Faktoren waren beteiligt; es wäre daher zu einfach formuliert, dass sich mit der Veränderung der Stimme auch Franks Leben veränderte. Doch gibt es eine eindeutige Verbindung zwischen den Lauten, die wir hervorbringen, und dem Leben, das wir führen.

Das Verständnis der zweiten Ebene lässt sich durch eine Meditation zu den Eingangsversen des Johannesevangeliums schaffen: »Im Anfang war das Wort, und das Wort war bei Gott, und Gott war das Wort. Dasselbe war im Anfang bei Gott. Alle Dinge sind durch dasselbe gemacht; und ohne dasselbe ist nichts gemacht, was gemacht ist. In ihm war das Leben; und das Leben war das Licht der Menschen. Und das Licht scheint in der Finsternis, und die Finsternis hat's nicht ergriffen.« Einige Wissenschaftler halten den Laut für das Grundmuster, das zur Entstehung des Universums führte. Wenn die Zeit ihnen Recht gibt, kann man diese Verse als inspirierte Aussage zu den Gesetzen der Physik verstehen. Es ist jedoch nahe liegender, sie philosophisch zu deuten: durch den Begriff, dem durch Sprache Form verliehen wird und der verbal kommuniziert wird, geschieht Schöpfung. Daher ist Bewusstheit für das Kehlchakra unerlässlich, wenn wir unser gesamtes Potenzial realisieren möchten.

Universelle Wahrheit
Auf der ersten Ebene verbindet dieses Stichwort das Kehlchakra mit Gesetz und Ordnung. Jeder normale Mensch braucht ein Gefühl moralischer Richtigkeit. Gesellschaftlich entwickelte Gesetze sind zu einem Teil auf dieses Bedürfnis zurückzuführen. Auf persönlicher Ebene streben wir nach Integrität, und es geht uns am besten, wenn wir uns weigern, faule Kompromisse einzugehen.

Auf der zweiten Ebene geht es um die Suche nach Einsicht in das göttliche Gesetz oder nach den Archetypen höherer Eigenschaften. Auf dieser Suche fordern uns immer wieder Fragen heraus »Was ist Schönheit, Friede, Gerechtigkeit und Weisheit?«

DAS ENTWICKLUNGSALTER

In dem siebenfachen System ist dies das letzte Chakra, das sich mit einem bestimmten Entwicklungsalter und einem der Sinne verbindet. Die höheren und neuen Chakren stellen allgemeinere Beziehungen her mit Ausnahme der Basis, die Einfluss auf die Zeit der Schwangerschaft nimmt.

Im Alter von 15 bis 21 Jahren unterliegen junge Menschen Studienanforderungen und Examensdruck. Sie bereiten sich aufs Älterwerden vor, auf ihre Berufswahl und entziehen sich immer mehr dem elterlichen Einfluss. Die Bedeutung der Stichworte ist deutlich zu sehen. Junge Menschen spüren bei der Berufswahl oft eine Art Berufung. Ohne jeden Zweifel wissen sie, dass sie berufen sind, etwas Besonderes auszudrücken oder eine besondere Mission auszuführen. Ebenso oft sind sie verwirrt. Der Zustand von Arbeitslosigkeit mindert diese Probleme nicht gerade.

Eltern hoffen, dass ihre Kinder Erfolg haben werden, und spiegeln bei diesem Wunsch meist, was als gesellschaftlich »akzeptabel« und »erfolgreich« gilt. Viele junge Menschen folgen der Tradition. Sie unterwerfen sich aus freien Stücken ihr ganzes Leben lang dem gesellschaftlichen Diktat und werden damit glücklich und zufrieden sein. Andere werden dagegen rebellieren, in eine Form gepresst oder für den Erfolg »gezüchtet« zu werden. Es kann für alle Beteiligten schwierig sein, wenn ein »Überflieger« mit Bestleistungen und einer lockenden Berufskarriere plötzlich beschließt »auszusteigen«. Doch viele, die zu früh weit reichende Entscheidungen treffen oder die Erwartungen anderer erfüllen anstatt sich selbst treu zu sein, werden eine besonders schwere Midlife-Crisis erleben. In der Entwicklungsspirale muss sich die zweite Ebene des Kehlchakras manifestieren. Die Transpersonale Psychologie spricht seit langem von einer entscheidenden Lebensphase, die ungefähr im Alter von 42 Jahren eintritt – zweimal 21. In ihr kann es zu drastischen Lebens- und Berufsveränderungen kommen. Frank hatte länger als üblich soldatischen Gehorsam gezeigt, so dass die Veränderungen, die er tatsächlich vornehmen konnte, zumindest äußerlich nicht so umfassend ausfielen.

DIE FARBEN

Die gesamte Palette der Blautöne wirkt auf das Kehlchakra. Gemeinhin zur Heilung empfohlen wird das tiefe Blau des Lapislazuli. Türkise und Aquamarine stärken besonders die Fähigkeit, mit großen Gruppen oder Zuhörerschaften zu kommunizieren. Berufsberater, Schriftsteller und Menschen im Mediengeschäft profitieren, wenn sie diese Farben tragen oder darüber meditieren. Silber kräftigt das Kehlchakra und sollte bei Halsinfektionen visualisiert werden. All diese Farben beeinflussen auch die Schilddrüse und die Nebenschilddrüsen.

DAS ELEMENT

Äther als Element ist nicht dasselbe wie das chemische Lösungsmittel oder Anästhetikum. Es ist das Element des Ätherkörpers und der ätherischen Ebene, obgleich beide hauptsächlich über das Sakralchakra zu erreichen sind, das seinerseits eine starke Verbindung zur Kehle hat. Die ätherische Ebene ist der physischen oder materiellen Ebene am nächsten. Sie ist die erste Ebene feinstofflicher Substanz. Wir wissen nicht, wie sich feinstoffliche Substanz zusammensetzt, obwohl viele Wissenschaftler an ihre Existenz glauben und sie als Raum oder Feld beschrieben haben, in dem elektromagnetische Wellen übertragen werden. Viele spirituelle Führer, einschließlich Gildas, beschreiben sie als die Schicht oder Bewusstheitssphäre, welche die Wunder von Klang und Farbe hervorbringt. Das Sanskritwort für Äther ist *akasha*. In der esoterischen Terminologie ist die Akashachronik der Abdruck aller individuellen und kollektiven Erfahrung der Menschheit. Nichts geht verloren, alles wird bewahrt. Jung erforschte diesen Glauben aus psychologischer Perspektive in seinen Schriften über das kollektive Unbewusste.

Am Kehlchakra kann Äther nicht nur als das Element betrachtet werden, das alles Geschehene aufzeichnet, sondern auch als »Blaupause«. Gedanken, kreative Vorstellungen, gedankliche Entwürfe werden hier bewahrt auf ihrer Reise in den Körper – die irdische Wirklichkeit.

DER SINN

Da einerseits Klangfrequenzen Teil der ätherischen Ebene und andererseits Begriffsbildung und Benennung wesentliche Züge des Kehlchakras sind, ist offenkundig das Gehör der zugehörige Sinn. Dies bezieht sich nicht nur auf das Zuhören, sondern auch auf das Sprechen, das Gehörtwerden und die Qualität der Stimme.

DER KÖRPER

Der Mentalkörper hat eine fließende Beschaffenheit und spiegelt oft die Kehlchakrafarben Blau, Silber und Türkis. Er steht in Beziehung mit Intellekt und abstraktem Denken, mit der Welt der Ideen, der begrifflichen Abbilder und Archetypen (s. Glossar). Er verbindet uns mit den nicht sichtbaren Mustern, feinen Nuancen und kaum zu vernehmenden Tönen, die Aspekte komplexer Kommunikation sind. Der Mentalkörper ermöglicht die Wahrnehmung, Benennung und Umsetzung göttlicher Prinzipien.

Spirituelle Führer nutzen manchmal die Mentalebene als Kommunikationsweg. Das empfangende Medium hat in diesem Fall Schwierigkeiten zu erklären, wie die Kommunikation vonstatten geht. Die Mentalkörper von geistigem Führer und Medium begegnen sich, und Begriffe oder Symbole, die noch der Beschreibung bedürfen, werden empfangen. Wenn der spirituelle Sender und das Medium zusätzlich ihre Herz- und Stirnchakren einsetzen, wird eine direktere Kommunikation hinsichtlich Wortwahl und Sprachstil erreicht.

DIE DRÜSENVERBINDUNG

Die Schilddrüse und Nebenschilddrüsen sind Teil des endokrinen Systems und schütten ihre lebenswichtigen Hormone auf Signale der Hypophyse hin aus, die man als »Dirigent des endokrinen Orchesters« bezeichnen könnte. Die Schilddrüse und Nebenschilddrüsen befinden sich im Hals. Thyroxin beeinflusst den Stoffwechsel, die körperliche Temperaturregulierung und viele Wachstumsaspekte. Wenn zu viel produziert wird, gerät der Körper in einen hyperaktiven Stresszustand; bei zu geringer Produktion wird alles verlangsamt. Kinder mit einer Unterfunktion der Schilddrüse entwickeln Kretinismus, weil dieses Hormon die Ausbildung des Intellekts fördert.

Die Nebenschilddrüsen befinden sich in der Schilddrüse selbst und schütten ein Hormon aus, das den Kalziumspiegel im Blut reguliert. Alle Muskelfunktionen, einschließlich der Herzfunktion, hängen von dem Kalziumpegel im Blutplasma ab.

DIE DÜFTE

Lavendel und Hyazinthe beruhigen dieses Chakra, während Patschuli und weißer Moschus es anregen. Menschen mit angespannter, hoher und nervöser Stimme benötigen normalerweise die beruhigenden Düfte, ebenso wie diejenigen, die redselig sind oder besonders eifrig, wenn es um die Suche eines geeigneten Arbeitsplatzes geht. Jene hingegen, die zu sanft sind und fast gar nicht sprechen, die am Arbeitsplatz Probleme haben oder unerfüllt sind, brauchen die anregenden Düfte.

DIE KRISTALLE UND EDELSTEINE

- *Lapislazuli* unterstützt Ausdruck jeder Art. Er hilft Taubheit zu heilen. Er ist ein guter Stein, wenn man ein musikalisches Talent oder die Kunst der Farbzusammenstellung entfalten möchte.
- *Aquamarin* mildert Ängste und Phobien. Er eignet sich außergewöhnlich gut für Menschen, die in der Medienwelt arbeiten, da er positive Kommunikation mit großer Zuhörerschaft fördert.

• *Sodalith* wird oft mit Lapislazuli verwechselt. Er hat eine ähnlich tiefblaue Farbe, doch ihm fehlen die Goldtupfen, die den Lapislazuli auszeichnen. Er eignet sich sehr gut zur Heilung aller Halskrankheiten sowie der Schilddrüse.
• *Türkis* ist der Lieblingsstein der amerikanischen Indianer. Er hilft bei der Suche nach der wahren Bestimmung, indem er die Fähigkeit verleiht, sich auf das höhere Selbst oder den »großen Geist« einzustimmen. Er verschafft Klarheit in allen Bereichen der Kommunikation.
• *Saphir* ermöglicht die Kommunikation mit den Wesen von anderen Planeten. Er stärkt das Kehlchakra und fördert die Gabe der Prophezeiung.

ZUM ABSCHLUSS

Das Kehlchakra ist komplexer als es zuerst erscheinen mag. Seine beiden Funktionsebenen müssen immer berücksichtigt werden. Sein Sanskritname ist *vishuddha*, und in der indischen Überlieferung wird es mit 16 Blütenblättern dargestellt, eins für jeden Sanskritvokal.

DIE ARBEIT MIT DEM KEHLCHAKRA

Kontakt aufnehmen

Schau dir die Lage deines Kehlchakras auf der Abbildung im ersten Kapitel an. Folge der Kontaktübung aus dem Kapitel 3 und setze an den entsprechenden Stellen das Wort »Kehle« ein. Verfahre danach ebenso mit der Übung »Bilder und Symbole«.

Geführte visuelle Meditation

Vergewissere dich, dass du nicht gestört werden wirst … nimm eine bequeme Stellung ein … entspanne deinen Körper … schließe die Augen und folge dem Rhythmus deines Atems … geh in deinen inneren Raum … du bist dort umgeben von Farbe … tiefe Blautöne … aquamarin … silber … sie geben dir ein Gefühl der Erfrischung und Leichtigkeit … zuerst nimmst du sie auf … dann beginnst du leicht zu tanzen … dabei bewegen sich die Farben … tanzen mit dir … du fühlst dich emporgehoben und spürst, wie du mit einem Gefühl von Sicherheit und Freiheit schwebst … dein Körper ist so leicht wie die Farben selbst … entspanne dich und gib dich dieser Erfahrung hin … du kannst frei fliegen wie ein Vogel ... voller Beherrschung ... und doch leicht ... wähle eine Farbe, auf der du fliegen möchtest ... es kann ein Blau sein ... Aquamarin ... oder Silber ... oder eine andere Farbe, die in deine innere Welt gekommen ist ... lass dich von der Farbe deiner Wahl einhüllen ... geh auf eine Farbenreise ... vielleicht gibt es ein Boot, in dem du durch diese farbige Welt gleiten kannst ... oder einen großen Fantasievogel ... oder einen Zauberteppich, auf dem du reiten kannst ... vielleicht freust du dich einfach an der Leichtigkeit und Freiheit und tanzt, während du dich tragen lässt ... du kommst zu einem Ruheplatz ... es gibt dort seidige, kissenartige Wolken in der Farbe deiner Wahl ... du lässt dich entspannt hineinsinken ... alle Bewegung hat aufgehört ... es herrscht tiefe Stille ... die tiefste Stille, die du dir je hast vorstellen können ... du bist zentriert, ruhig und eins mit dir ... mit einer Klarheit, die nur von solcher Stille hervorgebracht werden kann, hörst du einen einzigen Ton ... rein, als wäre er auf einer Zauberflöte gespielt, erklingt er aus der Ferne ... zuerst leise ... langsam schwillt er an zu einem angenehm vollen Klang ... so dass du all seine Töne, Untertöne und Obertöne wahrnimmst ... es ist ein heilender Klang ... er umgibt dich ... er ist in deinem Körper ... er ist in deinem Wesen ... während du dich darin entspannst, hörst du ein ganzes Orchester harmonischer Klänge und beginnst dich erneut zu bewegen, auf Klangwellen ... lass dich tragen ... bewege dich von einer Welle zur anderen ... und werde Teil der Harmonie ... du bringst einen Ton hervor ... einen runden Ton in deinem Kehlchakra ... du singst ihn oder lässt ihn tönen ... er fügt sich in die Harmonie um dich herum und du hörst sein Echo zurückkehren ... in deinem inneren Raum kannst du einen Ton erzeugen, wie er in der Außenwelt nicht möglich wäre ... du weißt, dass du dich an ihn erinnern kannst und er dein besonderer Heilungston ist ... wenn du zur Rückkehr bereit bist, werden dir deine besondere Farbe, dein Vogel oder Boot helfen ... reise zurück zu dem Platz, wo diese Reise begonnen hat ... deine Füße berühren leicht den Boden, die blauen, aquamarin und silbernen Farben umgeben dich ... allmählich kehrst du zum Bewusstsein deines Atemrhythmus zurück ... zu deiner Körperwahrnehmung und zum Kontakt deines Körpers mit dem Boden in deiner Alltagswelt ... visualisiere ein weißes Lichtkreuz in einem weißen Lichtkreis über deinem Kehlchakra und hülle dich bei deiner Rückkehr in einen Lichtmantel mit Kapuze.

Fragen

Denke über die Fragen nach »Wie höre ich die Welt?« und »Wie hört die Welt mich?«

Düfte

Verwende die Düfte für dieses Chakra, um es zu aktivieren, zu beruhigen oder auszugleichen. Siehe die Anleitungen im Kapitel 3.

Farben

Atme in dein Kehlchakra und füttere es mit den am Anfang des Kapitels angegebenen Farben. Visualisiere durchsichtige Farben. Schließe die Blütenblätter des Chakras und setze das Lichtkreuz oder den Lichtstern in einen Lichtkreis über dem Chakra.

Kontakt mit dem Entwicklungsalter

Denke an die Zeit in deinem Leben, als du zwischen 15 und 21 Jahre alt warst. Versuche zu erkennen, wie gerade diese Zeit deine Entscheidungsfreiheit beeinflusst hat. Was blockiert jetzt deine Entscheidungen – äußere Umstände, Geld, Familienverpflichtungen, Fähigkeit, Ausbildung? Gibt es eine Möglichkeit, die Art einiger Dinge zu ändern, die dir in deinem Leben nicht gefallen, die du aber nicht ändern kannst?

Ein Büroangestellter, dessen Geschmack sich in einer nüchternen, sterilen Umgebung beleidigt fühlte, begann Farbe, Blumen, ein Kissen oder ähnliches zu verteilen und setzte sich dafür ein, die Dinge harmonischer und frischer zu gestalten. Die Leute begannen das zu kommentieren, die Depression schwand und, obwohl die Arbeit noch immer dieselbe war, erschien jeder einzelne Tag weniger belastend und gefürchtet. Ein anderes Beispiel könnte lauten: Wenn ich mich beim Unterrichten festgefahren fühlte und mich danach sehnte, eine Heilerin oder Beraterin zu werden, konnte ich die Frustration des Wartens überwinden, indem ich mich darauf konzentrierte, wie man Unterrichten als heilend betrachten kann.

Gehörsinn

Gib dir Mühe, allen Geräuschen um dich herum zuzuhören. Höre die Qualität der Stimmen – deine eigene, die deines Partners, deiner Kinder oder deiner

Freunde. Nimm deine eigene Stimme auf Band auf und höre dich so, wie andere dich hören.

Mantras und Gesänge

Im Osten benutzt man Mantras, seit es Religionen gibt. Es sind Wortkombinationen, die mit heiligen oder geweihten Lauten eine spirituelle Wahrheit ausdrücken. Das Mantra *Om Mani Padme Hum* (Juwel im Herz des Lotus) ist wohl bekannt. Die vielen Namen Gottes können rituell gesungen oder rezitiert werden, oder man kann einen von ihnen verwenden wie das *Om Namah Shivayah*. Das japanische *Namya Ho Ren Ge Kyo* drückt Verehrung für die Schöpfung und die Buddhanatur aus. Häufig beruht die Wirkung auf dem Klang, der sich aus wiederholtem Singen oder Rezitieren entfaltet. Solche Praktiken erhöhen die Bewusstheit, führen zu innerer Ruhe und verhelfen zu Sammlung und Konzentration, sie leiten Meditation ein und sind Ausdruck von Anbetung und Verehrung.

Ein Mantra in der Muttersprache mag eine andere Wirkung haben, weil es ein unmittelbares Verständnis der Worte gibt, aber die Wiederholung eines Satzes, den man liebt, kann Meditation und innere Einkehr vertiefen. Versuche es mit folgenden Worten:

Innerer Friede
Verweile bei mir
Sei still und erkenne
Vater den Schöpfer / Mutter die Schöpferin
Und die größte unter ihnen ist die Liebe
In Einigkeit
Licht von der Quelle
Sei ruhig, mein Herz, einst werden wir eins sein

Die Auswahl ist groß, es gibt viele Möglichkeiten. Das Mantra kann mental wiederholt, laut gesprochen, rezitiert oder gesungen werden.

Es gibt auch ein Wiederaufleben von Gesängen amerikanischer Indianer wie zum Beispiel: »Der Fluss fließt, fließt und wächst, der Fluss fließt hinunter zum Meer. Mutter Erde trage mich, ein Kind werde ich immer sein, Mutter Erde trage mich hinunter zum Meer.«

Ich habe Vorbehalte gegenüber Affirmationen wie »Jeden Tag geht es mir in jeder Hinsicht immer besser.« Obwohl manche Menschen sie hilfreich finden, können sie von einer gedanklichen Ebene kommen und dort wirken. Dabei verdecken sie die Notwendigkeit einer tieferen emotionalen Veränderung. Erst wenn dieser Wandel vollzogen ist, sind Affirmationen eine wirkliche Hilfe.

Affirmation
Meditiere und denke über die Worte am Anfang des Kapitels nach.

Kapitel 8

Das Stirnchakra

Ort Auf der Stirn zwischen den Augen. Der Stiel weist zum Hinterkopf.
Stichworte Geist, Vollkommenheit, Inspiration, Einsicht, Beherrschung
Farben Indigo, Türkis, Malve
Element Radium
Körper höher mental
Drüsenverbindung Zirbeldrüse
Beruhigende Düfte weißer Moschus, Hyazinthe
Anregende Düfte Veilchen, Rosengeranie
Kristalle und Edelsteine Amethyst, Purpur-Apatit, Azurit, Kalzit, Perlmutt, Saphir, blauer und weißer Fluorit
Gebet oder Affirmation
Wir suchen uns selbst zu meistern durch die Inspiration der Herrschaft Gottes. Möge uns wahre Einsicht gegeben werden und möge unser begrenzter menschlicher Geist durch Inspiration ein Wissen um Vollkommenheit erlangen.

Fallbeschreibung

Eleanor ist die viel beschäftigte Mutter von Zwillingen, zwei Jungen, die jetzt fünf Jahre alt sind. Zur Zeit ihrer Heirat arbeitete sie als Beschäftigungstherapeutin und setzte diese Arbeit bis zu ihrer Schwangerschaft fort. Sie hatte sich immer Kinder gewünscht und war deshalb nicht schockiert, dass sie Zwillinge erwartete. In freudiger Aufregung bereitete sie sich auf die Geburt vor. Auch ihr Mann, Michael, schätzte diese Zeit. Er genoss es, dass sie ihn daheim erwartete, wenn er von seiner Arbeit zurückkehrte.

Als die Babys geboren waren, hatte Eleanor wenig Hilfe, und sie konnten es sich nicht leisten, jemanden einzustellen. Beide durchlebten erschöpfende und gleichzeitig erfüllende sechs Monate, in denen sie lernten, mit den Zwillingen umzugehen. Dann wurde Michael eine andere Stelle angeboten, die eine deutliche Gehaltserhöhung mit sich brachte. Der Umzug war für die Familie kein leichtes Unterfangen, denn die Zwillinge erreichten gerade das Krabbelalter, aber sie schafften es. In dem neuen Haus konnte sich Eleanor eine Haushaltshilfe leisten. Michael brauchte nicht mehr so weit zur Arbeit zu fahren, und sie konnten sich regelmäßige Unternehmungen und Babysitter gönnen. Es machte ihnen viel Freude, ihr Zuhause zu gestalten, den Garten zu planen und zu bepflanzen. Sie schlossen neue Freundschaften am Ort und waren mit ihrem Leben zufrieden.

Als sie sich eingelebt hatten und die beiden Jungen sie nicht mehr so stark beanspruchten, bemerkte Eleanor, dass sie sich manchmal langweilte. Der alltägliche Trott von Spielgruppenaktivitäten, die Grillfeste mit Freunden und sogar die Abende, an denen sie mit ihrem Mann ausging, wurden eintönig und bedeutungslos. Ihre Energie ließ nach. Ihre Lebensfreude war Schwankungen unterworfen. Der Arzt diagnostizierte eine leichte Depression und empfahl ihr einen Urlaub ohne Kinder. Eleanors Mutter war begeistert über die Gelegenheit, ihre lebhaften Enkelkinder bei sich zu haben, und Eleanor und Michael fuhren in einen Wintersonnenurlaub. Davon hatten sie schon oft geträumt und stellten es sich als zweite Flitterwochen vor. Eleanor genoss die Pause und erholte sich auch, aber daheim begannen wieder die Fragen über den Sinn des Lebens an ihr zu nagen. Sie wurde launisch und reizbar.

Als die Zwillinge ganztägig in der Schule waren, wollte Eleanor ein paar Tage in der Woche arbeiten. In Michaels Augen war das keine geeignete Lösung. Er war um ihre Gesundheit besorgt und wollte sie vor Stress bewahren. Ein Freund schlug vor, sie solle eine begleitende Therapie wie Akupunktur versuchen. Im Wartezimmer der Naturheilkunde-Klinik fand Eleanor schließlich eine Werbebroschüre für meinen Workshop.

Alles, was mit dem Begriff Spiritualität zusammenhängt, war ihr unbekannt. Sie hatte nie zuvor einen Workshop besucht. Bei der Vorstellung der Teilnehmer bekannte sie der Gruppe, dass sie furchtbare Angst habe. Am Ende des Tages konnte sie den nächsten kaum abwarten. Neue Türen begannen sich für Eleanor zu öffnen. Sie gewann Freunde, mit denen sie Erfahrungen austauschen und die Bücher, die sie gerade las, diskutieren konnte. Eleanor fand heraus, dass die Arbeit mit dem Stirnchakra ihre spirituelle

Wahrnehmung erhöhte und ihr Zugang zu ihren inneren Ressourcen verschaffte. Sie nahm ein paar Einzelsitzungen bei mir und lernte mit Farben, anregenden Ölen und weiteren Stirnchakraübungen zu arbeiten.

Bei Eleanor gab es keinen dramatischen Richtungswechsel. Sie war einer jener Menschen, die der Psychologe Jung als unzufrieden mit der Normalität beschrieb. Sie verfügte über verborgene spirituelle Ressourcen, und durch ihre Entwicklung fand sie den Sinn und die Bestimmung im Leben, die ihr vorher gefehlt hatten.

Menschen wie Eleanor fühlen sich oft schuldig. In vieler Hinsicht wissen sie, dass ihr Leben gesegnet und erfüllt ist. Sie mögen über jegliche materielle Sicherheit verfügen, doch irgendein Schlüssel zum Glück fehlt ihnen. Manchmal stürzen sie sich in ein Leben der Selbstaufopferung im Dienst am Nächsten und vernachlässigen dafür Lebenspartner, Kinder und andere Pflichten. Das Öffnen des Stirnchakras kann Vollkommenheit, Inspiration und Einsicht verleihen sowie das Gefühl, sein eigenes Sein zu meistern.

DIE STICHWORTE

Geist

Seiner Natur gemäß ist »Geist« schwer zu definieren. Er wird oft mit dem Begriff »Seele« verwechselt oder dazu in Gegensatz gebracht. Gildas folgt in seiner Lehre den spirituellen Alchemisten, bei denen der Geist als Yang und die Seele als Yin gesehen wird (s. *Gildas Communicates*). Eins der Ziele der Alchemie ist es, eine mystische Heirat zwischen Geist und Seele zu bewirken. So wird der Geist als klar, direkt, initiativ gesehen, während die Seele empfängt und bewahrt. Der Geist initiiert und dirigiert das Leben und die Aufgaben der Evolution, die Seele hingegen prüft die gewonnene Erfahrung. Der Geist sucht Vollkommenheit und treibt deshalb zum Handeln. Er befruchtet Inspiration und Einsicht.

In einem jeden von uns gibt es einen Funken, der nie umwölkt ist. Irgendwo, jenseits unserer Verhaltensmuster und Reaktionen auf das Leben, unberührt von Defiziten in Persönlichkeit, Charakter oder Moral, selbst im bösartigsten Kriminellen besteht dieser Funke weiter. Wenn wir ihn in uns selbst erkennen und in anderen würdigen, ist es beinahe unmöglich, unmenschlich zu sein.

Eleanors Unbehagen war darauf zurückzuführen, dass sich der Funke ihres Geistes bemerkbar machte. Deswegen hatte ihr Stirnchakra bereits begonnen, sich zu öffnen. Sie brauchte Unterstützung bei der bewussten Kontrolle, dem Verständnis dieses Vorgangs und auch bei der Freude daran.

Vollkommenheit

Die Vollkommenheit spricht für den Drang nach Perfektion und Ganzheit. Das Stirnchakra erweckt das Bedürfnis, sich an der vollkommenen inneren Harmonie von Körper, Verstand, Gefühlen, Geist und Seele zu erfreuen.

Inspiration

Dieses Stichwort scheint aus sich selbst heraus verständlich zu sein im Sinne von spirituell inspiriert oder Inspiration empfangen. Doch bedeutet es auch »Einatmen«. Das griechische *pneuma* und das lateinische *spiritus* stehen sowohl für Geist wie Atem. Aus solchen Ursprüngen leitet sich die christliche Hervorhebung des Begriffs »Atem Gottes« her, den wir einatmen, um uns spirituell, körperlich und geistig zu inspirieren und zu beseelen.

Einsicht

Einsicht verbindet Wahrnehmung mit Verstehen. Sie ist die höchste Ebene der Intuition. Auf den feinstofflichen Ebenen durchdringt Einsicht die Grenzen von Raum und Zeit und ermöglicht ein umfassenderes Verständnis der inneren Welten und Mysterien. Wenn man Einsicht im Stirnchakra aktiviert, werden dadurch Begegnungen mit spirituellen Führern erleichtert.

Beherrschung

Im Sanskrit lautet der Name für Stirnchakra *ajna*, was wörtlich übersetzt »Beherrschung« bedeutet. Durch das Erwecken dieses Zentrums verfügen wir über größere Beherrschung unseres Lebens und können mit erweiterter Bewusstheit und Sensibilität den Weisungen unseres Geistes folgen.

DIE FARBEN

Indigo ist eine Farbe, die für uns schwer zu erkennen und zu beschreiben ist. Sie befindet sich in jedem Regenbogen oder Spektrum, ist jedoch schwerer zu identifizieren als andere, die eher zu den Grundfarben gehören. Indigofarben werden aus der Indigopflanze gewonnen und tauchen häufig in westindischen Batiken auf. Die Farbe ist weder purpur noch marineblau. Sie ist intensiv, manchmal fast schwarz, enthält aber immer einen Hauch von Rot. Indigo erkennen und differenzieren zu lernen ist allein schon eine gute Übung zur Öffnung und Erweckung des Stirnchakras.

Malve hat am Stirnzentrum eine dunkle Schattierung. Es ist ein Ton zwischen lavendel und purpur. Türkis ist die Farbe des gleichnamigen Edelsteins. Sie ist kräftig und voll.

Verwende Indigo, um deine Wahrnehmung zu üben, Türkis, um Klarheit zu gewinnen und Malve zur Unterstützung des Hormonsystems.

DAS ELEMENT

Radium ist ein metallisches radioaktives Element, das bei der Röntgenuntersuchung, der Strahlentherapie und der Produktion von Leuchtmaterialien Verwendung findet.

Die Strahlentherapie ist allgemein bekannt geworden durch ihre Anwendung bei der Behandlung von Krebs und anderen Tumoren. Sie vernichtet alte Muster und führt zu Veränderung. Es ist eine radikale Behandlung, und wie wir wissen, bergen alle Formen von Strahlung Gefahren. Als man Gildas zum Thema Radium befragte, sagte er: »Radium liefert Kraft und Licht. Seine Funktion liegt darin, etablierte Muster zusammenbrechen zu lassen, um Neuordnung zu ermöglichen. Es hat eine hohe Schwingungszahl. Seine Symbolik am Stirnchakra zeigt, dass es während der physischen Inkarnation auf mehreren Ebenen funktionieren kann. Es geht um die Begegnung von Licht und Geist in der Materie.«

DER KÖRPER

Der höhere Mentalkörper hat eine außerordentlich leichte feinstoffliche Substanz. Er leuchtet in tiefen Indigo- und Amethystfarben. Er ist das »Kleidungsstück«, das wir für die höchsten Ebenen unserer Meditationserfahrung anlegen, für die Kommunikation mit anderen Ebenen und in Momenten der Inspiration.

Die Mentalebene besteht aus pulsierenden Energien. Hier entspringt die Inspiration, noch bevor ihre Ideen in Sprache oder Form gekleidet sind. Es ist die Ebene des göttlichen Prinzips, reiner archetypischer Impulse sowie der Erzengel Michael, Uriel, Raphael und Gabriel.

DIE DRÜSENVERBINDUNG

Wir wissen relativ wenig über die Zirbeldrüse. Sie liegt in dem Bereich des Kopfes, auf den man mittels eines Querschnitts vom Scheitelpunkt bis unmittelbar oberhalb beider Ohren treffen würde. Es ist ein winziges Gebilde, das die Form eines Tannenzapfens aufweist. Noch ist nicht erwiesen, ob die Zirbeldrüse zum endokrinen System gehört. Sie sondert das Melatonin ab, eine hormonähnliche Substanz, die bei Tieren die Brut- und Nistzeiten sowie Wanderung und Winterschlaf steuert.

Beim Menschen ist die Zirbeldrüse lichtempfindlich und steuert unseren Tag- und Nachtrhythmus. Es gibt Nervenbahnen, die zwischen ihr und der Augennetzhaut verlaufen. Zur Zeit wird die Verbindung zwischen der Zirbeldrüse, ihrer Lichtversorgung und der Steuerung des Kalziumspiegels untersucht.

Auf jeden Fall hat die Zirbeldrüse Einfluss auf den Hormonspiegel. Blinde leiden häufig unter Hormonschwankungen, aber sobald ihre Sehkraft wiederhergestellt ist, pendelt sich der Hormonspiegel wieder ein. Die Arbeit mit dem Stirnchakra kann das hormonelle Gleichgewicht unterstützen. Beinahe alle Lebensbereiche werden von den Hormonen geprägt. Hormone steuern Grundinstinkte und Emotionen, sexuellen Drang und Identität, Heftigkeit, Wut, Angst, Freude und Kummer. Sie fördern Wachstum, kontrollieren die Temperatur, unterstützen die Regenerierung von zerstörtem Gewebe und die Energieerzeugung.

DIE DÜFTE

Weißer Moschus und Hyazinthe beruhigen dieses Chakra, während Veilchen und Rosengeranie es anregen. Eleanors Stirnchakra brauchte Stimulation, damit sie sich der spirituellen Seite des Lebens öffnen konnte. Heftiges Streben nach spirituellem Fortschritt und Übereifer bei Meditation und anderen spirituellen Praktiken kann zu einer Überstimulierung des Stirnchakras führen. Wachstum auf diesem Gebiet lässt sich nicht erzwingen, und Kopfschmerzen über, hinter und zwischen den Augen können die Folge sein. In solchen Fällen erweisen sich die beruhigenden Düfte als wirksam. Sie schließen das Chakra nicht, sondern unterstützen seinen Fluss, damit es ruhiger und stetiger werden kann.

DIE KRISTALLE UND EDELSTEINE

Information zur Arbeit mit Kristallen und Edelsteinen findet sich in Kapitel 16.

• *Amethyst* am Stirnchakra fördert veränderte Bewusstseinszustände. Er erweitert das spirituelle Gewahrsein und fördert visionäre Eigenschaften. Er ist ein Schutzstein und transformiert Negativität.

• *Purpur-Apatit* stimuliert alle Ebenen der Wahrnehmung. Er unterstützt harmonische, friedvolle innere Arbeit und ist hilfreich bei der Meditation.

• *Azurit* eignet sich wegen seiner Heiligkeit für Rituale und Segnungszeremonien. Er begünstigt visionäre Träume und das Bewusstsein für Geist und Materie.

• *Kalzit* stärkt den höheren Mentalkörper. Er nährt und fördert spirituelle Inspiration und Erfahrung. Er verbindet die Welt des Geistes mit der Welt des Intellekts und der Ideen.

• *Perlmutt* dient der Reinigung. Er lässt eine Aura der Heiterkeit entstehen und unterstützt Andacht.

• *Saphir* stärkt spirituelle Bewusstheit und Kommunikation. Er begünstigt die Kommunikation mit spirituellen Führern und Engeln.

• *Blauer Fluorit* ist ein Schutzstein. Er ist bei der Entwicklung transzendenter Bewusstseinszustände als psychischer Schild von großem Wert.

• *Weißer Fluorit* stärkt den verkörperten Geist. Er bewahrt vor Depression und Enttäuschung.

ZUM ABSCHLUSS

Das Stirnchakra ist das Vorletzte in jedem System – sei es nun sieben-, acht- oder zwölffach. Es ist das Zweite in der Untergruppe aus Kehle/Stirn/Krone.

Anders als das Kehlchakra übt es keine Doppelfunktion aus, hat aber eine wichtige Verbindung zum Solarplexus, da es bei beiden um Licht und Sehen geht. Das Stirnchakra stärkt die Beziehung zwischen Persönlichkeit und Geist.

In den indischen Systemen hat es zwei Blütenblätter. Die geringe Zahl der Blütenblätter weist auf einen großen Anstieg der Schwingungsfrequenz hin. Die Bewegung ist so schnell, dass sie das Komplexe einfach erscheinen lässt. Da das Wurzelchakra die niedrigste Schwingungsfrequenz besitzt, ist die spezifische Anzahl seiner Blütenblätter am leichtesten zu erkennen. Je schneller die Bewegung, desto schwieriger wird es, Blütenblätter zu zählen, deshalb dient die Zahl zwei zur Darstellung einer riesigen, unzählbaren Menge.

DIE ARBEIT MIT DEM STIRNCHAKRA

Kontakt aufnehmen

Suche die Lage des Stirnchakras auf der Abbildung im ersten Kapitel. Wende die in Kapitel 3 beschriebene Kontaktübung an und ergänze »Stirn«, wann immer es nötig ist. Verfahre danach ebenso mit der Übung »Bilder und Symbole«.

Geführte visuelle Meditation

Vergewissere dich, dass du ungestört sein wirst … sitze oder liege bequem … sei darauf bedacht, deinen Kopf unbeschwert im Gleichgewicht zu halten … schließe deine Augen und fühle den Rhythmus deines Atems … diesem Rhythmus folgend lenke deine Aufmerksamkeit in dein Stirnchakra … lass die Blütenblätter des Chakras sich öffnen und entspannen … versuche das Pulsieren und die kreisförmige Bewegung der Chakraenergie zu spüren und stelle sie dir bildlich vor … gehe in deinen inneren Raum … du findest eine nebelhafte Landschaft, in der gerade Morgen- oder Abenddämmerung herrscht … die Farben sind unbestimmt, doch die Gegenstände heben sich deutlich gegen den Horizont ab … die Luft ist frisch … du fühlst dich zentriert und klar … durch den Dunst kannst du Hügel wahrnehmen … du findest einen sich sanft windenden Pfad, der dich aufwärts führt … die Farben indigo, türkis und malve hüllen dich in eine eigene Welt ein … in dieser surrealen Landschaft ist es dir möglich, mit den tieferen Schichten deines Seins in Kontakt zu treten … du fühlst eine Vollkommenheit und Selbstannahme … während sich der Pfad weiter aufwärts windet, bekommen alle anstehenden Probleme ein anderes Gesicht … vielleicht fühlst du dich inspiriert … der Nebel lichtet sich und du kannst die Landschaft überblicken … Bergspitzen wachsen in einen klaren, türkisfarbenen Himmel … du atmest die klare Luft … ganz in deiner Nähe glitzert Wasser … du findest einen klaren Teich an einem geschützten Ort … du schaust hinein … in der Mitte des Teiches entsteht das Bild einer Flamme … sie scheint tief im Teich zu brennen und du versenkst dich in die Meditation … du erlebst die Qualität des dir innewohnenden Geistes … tauche in diese Qualität ein und koste von der Erneuerung, die sie jedem Aspekt deines Wesens bescheren kann … aale dich in dieser Essenz … lass Einsicht dir ein neues Verständnis deines Lebenssinns und deiner Bestimmung gewähren … wenn du zur Rückkehr bereit bist, folge demselben Pfad, den du gekommen bist … hast du einmal einen Ort in deiner inneren Landschaft gefunden, kannst du ihn immer wieder aufsuchen … ziehe die Qualität des dir innewohnenden Geistes um dich wie einen Mantel … spüre den Rhythmus deines Atems … den Kontakt deines Körpers mit dem Stuhl oder dem Boden … atme tief … stell deine Füße fest auf den Boden … öffne deine Augen … dehne dich … und komme vollständig in der äußeren Welt an … visualisiere, wie sich die Blütenblätter deines Stirnchakras sanft schließen … umhülle dich mit einem Lichtumhang … widme dich deinen alltäglichen Aufgaben und fühle dich erfrischt und neu belebt.

Düfte

Verwende die empfohlenen Düfte, um das Chakra zu aktivieren, zu beruhigen oder auszugleichen. In Kapitel 3 findest du weitere Anleitungen und Vorschläge zur Arbeit mit Düften.

Farben

Atme in dein Stirnchakra und füttere es mit den am Anfang des Kapitels angegebenen Farben. Denke daran, dir die Farben durchsichtig vorzustellen und danach die Blütenblätter zu schließen. Visualisiere zum Abschluss das Lichtkreuz oder den Lichtstern in einem Lichtkreis über dem Chakra.

Weitere Vorschläge
Sinne über etwas Schönes nach. Wenn möglich, suche einen Ort natürlicher Schönheit auf. Nimm einen schönen Gegenstand mit oder lies ein Gedicht, betrachte ein Bild oder lausche einer Musik. Während du schaust oder hörst, versuche mit dem Wesen der Schönheit in Berührung zu sein. Versuche den Geist zu erkennen, der sich von der Materie lösen kann, und den Geist, der sich in Materie ausdrückt.

Betrachte deine Lebensreise mit all ihren positiven und negativen Meilensteinen. Versuche ohne falschen Stolz oder falsche Bescheidenheit die Zeiten auszumachen, in denen du trotz Widerstand und Schwierigkeiten aus einem Geist innerer Integrität gehandelt hast.

Suche etwas Indigofarbenes. Intensiv gefärbte Amethyste tragen einen Hauch Indigo in sich. Versuche diese Farbe in deinem Farbgedächtnis zu bewahren. Werde dich des Vorkommens von Indigo in deiner Umgebung bewusst, besonders bei Sonnenuntergängen und anderen Naturschauspielen.

Affirmation
Meditiere und denke über die Worte am Anfang des Kapitels nach.

Kapitel 9

Das Kronenchakra

Ort Am Scheitelpunkt des Kopfes; seine Blütenblätter sind nach oben gerichtet und der Stiel reicht hinab in die Mittelsäule.
Stichworte Seele, Hingabe, Loslassen, höherer Wille
Farben Violett, Weiß, Gold
Element Magnetum
Körper Seele, kätherisch oder kausal
Drüsenverbindung Hypophyse
Beruhigende Düfte Rosmarin, Bergamotte
Anregende Düfte Veilchen, Ambra
Kristalle und Edelsteine Diamant, weißer Turmalin, weiße Jade, Quarzit, Celestit
Gebet oder Affirmation
Durch Hingabe und Loslassen sei der höhere Wille wahrhaft der Wille Gottes, der in uns und durch uns wirkt und der uns weiter geleitet auf dem Weg zum Wissen um mystische Vereinigung und mystische Hochzeit.

Fallbeschreibung

Leo war kürzlich in den Ruhestand gegangen, nachdem er sein Leben lang in Sozialeinrichtungen gearbeitet hatte. Seine Karriere war erfolgreich und befriedigend gewesen. Schon recht früh hatte er eine Art Berufung gespürt, Menschen zu helfen, die in ihrem Leben von Problemen und Unglück heimgesucht wurden. Tragödien in seinem eigenen Leben hatten seine Empathie für andere verstärkt. Er hatte eine Sozialarbeiterkollegin geheiratet und war 18 Monate lang im siebten Himmel gewesen. Darauf folgte tiefe Verzweiflung, als seine schwangere Frau bei einem Autounfall getötet wurde. Leo stürzte sich ganz und gar in seine Arbeit und unterdrückte fast alle anderen Interessen. Er heiratete nicht wieder.

Trotz oder vielleicht gerade wegen des Unglücks interessierte sich Leo seit langem schon für Spiritualität. Einige Jahre vor dem Ruhestand wurde ihm klar, dass er sich eingehend darauf würde vorbereiten müssen, da ja bislang seine Arbeit sein Leben war. Er sparte und kaufte ein Haus auf dem Land, das er mit einer umfassenden Bibliothek ausstattete. Seine Pension war gesichert und Leo begann sich auf die Zeit zu freuen, in der er ruhiger leben und ein eingehenderes Studium seiner Bücher betreiben würde. Zu diesem Zeitpunkt begegneten wir uns, als er bei mir Führung durch Gildas suchte.

Nachdem Leo das Ende seines Arbeitslebens sorgfältig geplant hatte, wollte er für die noch vor ihm liegenden Jahre einen neuen Lebensinhalt finden. Er suchte nach spiritueller Erfüllung.

Während seiner Sozialarbeit war Leo vom Kehlchakra inspiriert worden, verstärkt durch den unglückseligen Verlust seiner Frau. Auf der Suche nach einem tieferen Lebenssinn hatte er dann die Aktivität seines Stirnchakras gespürt. Nun war es für ihn an der Zeit, sich seiner Kronenenergie zu widmen, um seine Bestimmung und sein Lebensmuster zu verstehen und zu erfüllen.

Trotz seines arbeitsreichen Lebens war Leo die Faszination für Ägyptologie geblieben. Gildas schlug vor, er solle sich nun auf dieses Interesse konzentrieren und erwägen, über die soziale Organisation im alten Ägypten zu schreiben. Er gab Leo auch einige Meditationen und Übungen für das Kronenchakra, die denen am Ende des Kapitels ähneln.

Leo glaubte an Reinkarnation. Als er zur Vorbereitung seines Buches die Studien intensiver vorantrieb, hatte er ein Gefühl von Kontinuität. War er vielleicht ein ägyptischer Schriftgelehrter oder gar ein Priester gewesen? Es fiel ihm schwer, das Gefühl von Friede, Erlösung und Hingabe zu beschreiben, das sich durch diese relativ einfache Korrektur in seinem Leben ausbreitete. Er hat einen neuen befriedigenden Weg gefunden. Manchmal, wenn er sich in London um seine Forschung kümmert, sucht er mich zu einer Einzelsitzung auf oder nimmt an einem Workshop teil. Er ist von gleich bleibender Heiterkeit und Begeisterung und spürt, dass die Puzzleteile seiner spirituellen Reise sich auf erfreuliche Weise zusammenfügen.

DIE STICHWORTE

Seele

In der Definition der spirituellen Alchemisten gehört die Seele zum Yin, ist rezeptiv und umwölkt von der Last der Erfahrung. Die Evolution kann fortschreiten, wenn der Hintergrund unserer Seele unsere Handlungen und alles, was wir lernen, aufnimmt und neu strukturiert. Die Reinkarnation eröffnet uns die Möglichkeit, Erfahrung zu sammeln und Ausgleich zu schaffen. Die Seele beherrscht das Muster unseres Karmas und zwingt dessen Gesetz von Ursache und Wirkung unweigerlich auf unsere Handlungsebene. Wenn die karmische Reise sich ihrem Ende nähert, wird die Seele zu einem klaren Kelch, in dem der Funke des Geistes als starke Flamme brennen kann. Dieses Bild symbolisiert die Vollziehung der mystischen Hochzeit und die Geburt von Wissen, Licht, Vision, Heilung und Weisheit.

Hingabe

Hingabe ist als etwas Begnadetes zu verstehen. Nach dem tragischen Verlust seiner Frau durchlief Leo Phasen verbitterten Sichfügens, von Überkompensierung und wütender Rebellion, bevor er zu dankbarer Annahme seines Lebensplans fand. Der Ruhestand bedeutete für ihn eine Prüfungszeit. Er suchte nach dem Schlüssel, der seinem Leben die besondere Qualität der Hingabe erschließen und ihm so spirituelle Zufriedenheit und Ganzheit verleihen würde. Ohne Bestätigung oder Ausgleich hätte er sich womöglich verbittert zurückgezogen und vom Leben verstoßen gefühlt.

Loslassen

Loslassen verhindert, dass Hingabe ein Zustand blinden Gehorsams wird. Es bezeichnet ein Vertrauen in das höhere Selbst, das mit einer entspannten Einstellung zum Leben einhergeht, ohne auf Verantwortlichkeit und Wachsamkeit zu verzichten.

Der höhere Wille

Dieses Stichwort bezieht sich auf die Bestimmung der Seele in der gegenwärtigen Inkarnation. Wenn der niedere Wille etwas von seiner Widerspenstigkeit ablegen und sich dem höheren Willen unterordnen kann, wird das Leben harmonischer und folgt spirituellen Weisungen. Das ist nur durch bewusste Arbeit mit dem Kronenchakra möglich.

DIE FARBEN

Violett hat im siebenteiligen Farbspektrum die höchste Schwingungsfrequenz. Es ist das Violett der Kaiser und Könige – tief, reich und königlich. Weiß symbolisiert Unschuld und Vollendung. Es ist die unbeschriebene Seite, die nie in Versuchung geratene Unschuld, die jungfräuliche Braut, aber auch die Farbe der höchsten Einweihung, welche die Reinheit spiegelt, die aus der Rückkehr zur Unschuld erwächst. Gold steht für die Macht der Sonne und für Heiligkeit. Es hat die Farbe eines kostbaren Metalls und ist ebenfalls Symbol der Reinheit. Es wird manchmal als die Farbe des männlichen Prinzips betrachtet, sollte jedoch im Kronenchakra für ausgeglichene und vollkommene Weisheit stehen.

Violett ist eine reinigende Farbe. Visualisiert man sie am Kronenchakra, sorgt sie für die Klärung im Energiefeld. Weiß und Gold unterstützen den Kontakt mit deinem höheren Selbst und deinen spirituellen Führern.

DAS ELEMENT

Magnetum existiert auf keiner Standardliste der Elemente. In physikalischem Sinne steht seine Entdeckung noch aus, aber Gildas ist nicht der einzige spirituelle Führer, der es als Element des Kronenchakras identifiziert hat. Symbolisch steht es für Vereinigung. Es bezeichnet die Ganzheit, die man erlebt, wenn Körper, Verstand, Gefühl und Geist im Einklang sind. Magnetum stärkt unsere Wahrnehmung der Menschheit als Gemeinschaft, heilt unsere Beziehung zur Erde und all ihren Lebensformen und verleiht einen Sinn für das rechte Maß.

DER KÖRPER

Diese Schicht des Aurafeldes enthält den Abdruck aller Aufgaben, die wir uns für diese Lebenszeit vorgenommen haben. Wenn wir über das Kronenchakra damit Kontakt aufnehmen, können wir eine höhere Bestimmung unseres Lebens erkennen.

Die Begriffe Seele, Kätherisch oder Kausal sind alternative Bezeichnungen für diesen Körper. Kätherisch impliziert eine höhere Ebene des Ätherkörpers, der beim Sakralchakra als das feinstoffliche »Double« des physischen Körpers beschrieben wurde. Der kätherische Körper ist ein Abdruck der Evolution oder Reflex der Seele. In einer Inkarnation kann diese Schicht Spuren von Erinnerungen an frühere Leben enthalten, die durch entsprechende Anregung Reaktionen hervorrufen, welche nicht unmittelbar mit unseren gegenwärtigen Lebenserfahrungen zu erklären sind. Unerwartet intensive oder so genannte irrationale Ängste, frei flottierende Angst, Déjà-vu-Erlebnisse und außergewöhnliche Begabungen sind durchweg Beispiele für die wechselseitige Durchdringung mit dem Kausalkörper.

DIE DRÜSENVERBINDUNG

Die Hypophyse steuert das endokrine System. Sie ist nur erbsengroß, aber deshalb nicht minder mächtig. Die Drüse besitzt zwei Lappen und befindet sich an der Unterseite des Gehirns auf der Höhe der Augen. Jeder Lappen ist im Grunde eine eigenständige Drüse. Der vordere Lappen ist der Kontrolleur, weil all seine Hormone mit Ausnahme des Wachstumshormons die Funktion der anderen endokrinen Drüsen steuern. Der hintere Lappen schüttet die Hormone aus, die für die Kontraktion des Uterus in der Schwangerschaft und das Einsetzen der Milchproduktion zuständig sind. Er liefert auch die Substanz, mit der die Nieren den Flüssigkeitshaushalt und den Natrium-Kalium-Spiegel im Körper steuern.

Die komplexen Funktionen der Hypophyse zeigen, dass sie zu weiten Teilen für unseren Körpertyp und seine Art zu funktionieren verantwortlich ist. Die Biochemie und das Verhalten des Körpers auf der einen Seite und die Wirkung von Umweltfaktoren auf der anderen beherrscht schon seit langem die Diskussion unter Wissenschaftlern, von denen nur einige Zusammenhänge mit seelischen Belangen akzeptieren. Die Verbindung zwischen Kronenchakra und Hypophyse öffnet die körperlichen Kanäle, durch welche das höhere Selbst sich in Körperstrukturen und Verhaltensmustern ausdrückt, die durch den »Zufall« der Geburt festgelegt worden sind.

DIE DÜFTE

Die beruhigenden Düfte sollten verwendet werden, wenn man übermäßig um sein Seelenheil besorgt ist. Solche Anspannung kann gelegentlich zu schweren, beeinträchtigenden Stresszuständen führen.

Leos Kronenchakra brauchte sanfte Anregung. Die stimulierenden Öle sind auch bei einer Tendenz zur Dickköpfigkeit und Halsstarrigkeit geeignet.

DIE KRISTALLE UND EDELSTEINE

Informationen über die Arbeit mit Kristallen und Edelsteinen sind in Kapitel 16 zu finden.

- *Diamanten* symbolisieren Vollkommenheit und Klarheit. Sie erschließen unser höchstes Potenzial und fördern die Erleuchtung der Persönlichkeit durch den höheren Willen.
- *Weißer Turmalin* führt zu Integrität. Er erleichtert die spirituelle Hingabe und Ergebenheit. Er ist ein spirituell reinigender Stein und unterstützt innere Aufrichtigkeit und Einsicht.
- *Weiße Jade* hilft den inneren göttlichen Funken zu erwecken. Er stärkt die Verbindung mit dem höheren Selbst.
- *Quarzit* heilt Groll und Einsamkeit. Er stärkt den Seelenkörper und hilft gleichzeitig, »die Füße auf dem Boden zu behalten«.
- *Celestit* unterstützt Meditation. Er heilt und stärkt die Blütenblätter des Kronenchakras und verleiht ihm Vitalität. Er weckt den Wunsch, die spirituellen Aspekte des Lebens zu feiern.

ZUM ABSCHLUSS

Die Chakren sind energetische Sprungbretter. Während unserer Aufwärtsbewegung, die im Kronenchakra kulminiert, steigt die Schwingungsfrequenz. Durch das Kronenchakra erfahren wir den höchsten Zustand der Meditation und fühlen uns spirituell lebendig. Allerdings kann die Arbeit mit den höheren Chakren ohne Kenntnis der anderen dem Kontakt mit einer Hochspannungsleitung ähneln. Nach Meditationen, die sich auf die höheren Chakren konzentrieren, ist es besonders notwendig, wieder für eine vollständige

Verankerung in der materiellen Welt zu sorgen. Nur dann können wir wirklich von der entspannenden und verfeinernden Wirkung der Meditation profitieren, nämlich erfolgreicher in unserer Welt zu leben.

Bei der Betrachtung des Stirn- und Kronenchakras mag es scheinen, als ob Geist, Seele und das höhere Selbst der gequälten Persönlichkeit ein hartes Schicksal auferlegten. Die Kausalebenen als kritisch-kontrollierend zu erleben kann das Feuer der Rebellion entfachen. Wenn wir andererseits keine Möglichkeit sehen, mit dem Sinn unseres Lebens in Verbindung zu treten, versinken wir in einem Sumpf der Unentschlossenheit und Orientierungslosigkeit. »Warum weiß ich nicht einfach, wozu ich auf der Welt bin, so dass ich daran arbeiten kann?« ist eine verbreitete Klage. Es erscheint uns, als müsse der Mensch allein die Kraft finden, Aufgaben zu vollbringen, die für ihn unklar oder zu schwierig sind.

Positiver Kontakt mit dem Stirn- und Kronenchakra löst diese Konflikte durch das Entblockieren der Kanäle, die es dem Menschen ermöglichen, Licht, Stärke und Freude aus der göttlichen Quelle zu empfangen. Wenn die Kraft von Geist und Seele einströmt, braucht keine Aufgabe allein mit den schwachen Kräften des Ichs erfüllt zu werden, und Hingabe wird nicht zur entpersönlichenden Erfahrung.

Das Kronenchakra wird manchmal als »der tausendblättrige Lotus« bezeichnet. Die Heiligenscheine, die auf Abbildungen die Köpfe von Jesus und den Heiligen umgeben, sind Hinweise für ein voll entwickeltes und offenes Kronenchakra.

Der Sanskritname des Kronenchakras lautet *sahasrara* und bedeutet »tausendfältig«. Der Name bezieht sich auf die Anzahl seiner Blütenblätter.

DIE ARBEIT MIT DEM KRONENCHAKRA

Kontakt aufnehmen

Schau dir die Lage deines Kronenchakras auf der Abbildung in Kapitel 1 an. Verwende die im dritten Kapitel beschriebene Kontaktübung und setze das Wort »Krone« ein, wo es nötig ist. Verfahre in gleicher Weise mit der Übung »Bilder und Symbole«.

Geführte visuelle Meditation

Stelle sicher, dass du ungestört sein wirst und sitze oder liege in einer bequemen Haltung … platziere deinen Körper symmetrisch und unterstütze deinen Rücken, wenn du es brauchst … achte besonders auf das Gleichgewicht deines Kopfes und Halses, da es zur geraden Ausrichtung der Chakren beiträgt … schließe deine Augen und spüre den Rhythmus deines Atems … konzentriere deine Aufmerksamkeit auf dein Kronenchakra … fühle die zahlreichen Blütenblätter dieses pulsierenden Zentrums … spüre seine schalengleiche Form sowie das Licht und die Farbe, die es zugleich hervorbringt und von oben empfängt … begib dich in deinen inneren Raum … und finde dich auf einer Wiese … nimm die Gelegenheit, dich umzuschauen … die Dinge und Farben zu betrachten … die Düfte zu riechen … die Geräusche zu hören … die Beschaffenheit zu ertasten … und den Geschmack zu kosten … jenseits der Wiese nimmst du Hügel und Berge wahr … die Sonne scheint auf einen Gipfel und lässt einen schönen Tempel erstrahlen … du siehst den Pfad, der von der Wiese zu dem hoch gelegenen Tempel führt und spürst den Drang, dich dorthin auf den Weg zu machen … nimm einen Freund, einen Talisman oder ein starkes Tier zu deiner Begleitung mit … wandere bis zu den Vorhöfen des Tempels … bevor du den Tempel betrittst, vollziehe ein Ritual wie Kleider wechseln … Schuhe ausziehen … dich waschen … oder Dinge, die du trägst, zurücklassen … betritt den Tempel und erkunde ihn … bemerke seine Geräusche oder die Qualität seiner Stille … seine Düfte … seine Farben … wie er sich anfühlt und schmeckt … finde einen Ort, an dem du dich in Offenheit zum Meditieren niederlässt … bitte darum, die Verbindung zu deiner Seele und deinem höheren Selbst deutlicher spüren zu dürfen … verstärke oder erneuere Vorsätze, die dein spirituelles Leben betreffen … ein Tempeldiener bietet dir Wein oder Wasser aus einem besonderen Kelch an … du erhältst einen Segen … nach der Zeremonie ist es Zeit zu gehen … du kannst diesen Tempel in Zukunft aufsuchen, wann immer du dich mit deinem höheren Selbst verbinden möchtest … nimm den Besitz, den du vor dem Tempel gelassen hast, wieder an dich, obgleich du auch unerwünschtes Gepäck zurücklassen darfst … kehre zu der Wiese zurück und in das Bewusstsein deines Atemrhythmus … zum Kontakt deines Körpers mit dem Stuhl … zum festen Halt deiner Füße auf dem Boden … zur vollständigen Wahrnehmung der Außenwelt … schütze und segne dein Kronenchakra mit einem

Lichtkreuz in einem Lichtkreis … und umgib dich mit einer Hülle aus weißem Licht.

Düfte

Verwende die besonderen Düfte, um das Chakra zu aktivieren, zu beruhigen oder auszugleichen. In Kapitel 3 findest du weitere Hinweise und Vorschläge zur Arbeit mit Düften.

Farben

Atme in dein Chakra und füttere es mit den am Anfang des Kapitels angegebenen Farben. Stelle dir die Farben durchsichtig vor, schließe die Blütenblätter und visualisiere zum Schluss das Lichtkreuz oder den Lichtstern in einem Lichtkreis über deinem Kronenchakra.

Berührung mit deinem höheren Selbst

Folge wieder der Tempelmeditation und bitte dein höheres Selbst, dir eine bestimmte Frage zu beantworten. Du kannst eine Antwort in Form von Gedanken, Worten, Bildern oder Symbolen erhalten.

Der Fluss des Lebens

Stell dir einen Fluss vor, der von seiner Quelle zum Meer fließt … empfinde ihn als deinen Lebensfluss … an einem Steg liegt ein Boot … nimm wahr, ob es jemanden gibt, der das Boot für dich führt, oder ob es dir selbst gelingen wird … fahre mit dem Boot stromaufwärts zur Quelle, und lass unterwegs bedeutsame Lebenserinnerungen in dein Bewusstsein dringen … wenn du dich der Quelle näherst, musst du das Boot festmachen und zu Fuß weitergehen … trinke etwas Wasser an der Quelle und raste eine Weile … während der Pause entdeckst du Gefährten, zu denen du eine besondere Verbindung hast und die für dich wesentlich waren, als du deine Lebensreise begonnen hast … einige von ihnen werden in dieser Inkarnation bei dir sein … andere vielleicht nicht … versuche über die wahren Gefährten auf deiner Entwicklungsreise Einsicht zu erlangen … es ist deine spirituelle Familie, die nicht unbedingt mit deiner genetischen Familie übereinstimmen muss … kehre zu deinem Boot zurück und fahre den Fluss wieder hinab zu deinem Ausgangspunkt. Zeichne diese Reise oder beschreibe sie und denke über die wachgerufenen Erinnerungen nach ... findest du irgendeine Botschaft oder ein Muster, die dir Einsicht über deine gegenwärtige Lebensphase bringen könnten?

Affirmation

Denke nach oder meditiere über die Worte vom Anfang des Kapitels.

Kapitel 10

Die Bedeutung der neuen Chakren

Wie viele Chakren man auch zu dem Hauptsystem zählt, das Kronenchakra ist in jedem Fall das höchste. Bei einem siebenteiligen System wäre die Erforschung nun abgeschlossen. Doch Gildas und andere gechannelte Quellen legen eine Erweiterung mit zwölf Hauptzentren statt der bisherigen sieben nahe.

Viele Generationen haben für ihre Zeit eine Krise oder Weltveränderung vorausgeahnt. Apokalyptische Vorstellungen schüren Furcht und Entsetzen, beruhen jedoch häufig auf Schuldgefühlen oder Unzulänglichkeit angesichts komplexer Schwierigkeiten. Heute verstehen wir uns besser aufs Messen und Quantifizieren und wissen daher, welche Schuld wir am Missbrauch von Ressourcen und an der Verschmutzung unserer Erde tragen. Hoch entwickelte Kommunikationssysteme führen uns die globalen Probleme und die Unmenschlichkeit des Menschen vor Augen. Wir müssen feststellen, dass – sofern wir nicht irgendeine Veränderung in die Wege leiten – der allgemeine Verfall die Oberhand gewinnen wird. Mehr Menschen als je zuvor fordern nachdrücklich eine Wende. Die althergebrachte Ordnung ist zur Bewältigung der nahen Zukunft in einem bislang unbekannten Maße untauglich. Die Geschwindigkeit des technologischen Fortschritts und seine Wirkung auf unser materielles Leben beschleunigen sich ständig. Innovationen drohen schon überholt zu sein, bevor sie vom Band gehen.

Gleichzeitig mit dem Ruf nach Veränderung herrscht Depression, Verzweiflung und Hoffnungslosigkeit angesichts der Dimension, die eine solche Wende haben müsste. Menschen werden entmutigt, wenn alles, was sie tun, nur ein Tropfen auf dem heißen Stein ist.

Im Chinesischen besteht das Wort für »Krise« aus zwei Schriftzeichen, die »Gefahr« und »Gelegenheit« bedeuten. Wir dürfen nicht selbstzufrieden sein. Gefahr besteht sicherlich, aber wir haben auch erstmals die Gelegenheit, in unserem Bewusstsein einen Quantensprung zu vollziehen, mit dessen Hilfe wir in eine neue, aufregende Phase der Evolution treten können.

In ihren Lehren über die neuen Chakren – das Alter-major-, Basis- und Harachakra, das Zentrum der bedingungslosen Liebe und das dritte Auge – zeigen uns die spirituellen Führer, dass wir über die nötigen Ressourcen verfügen, um diese Quantensprünge zu vollziehen. Das erweiterte Chakrensystem hilft uns zu erkennen, dass ein jeder Tropfen im Ozean, so klein er auch sein mag, von großer Bedeutung für das Ganze ist.

Kapitel 11

Das Alter-major-Chakra

Ort Blütenblätter im Bereich der Nase. Das positive Energiezentrum liegt im Chakrastiel, der sich im Hinterkopf befindet
Stichworte Instinkt, Resonanz, Dualität, devische Natur, Heilen
Farben Braun, Gelb-Ocker, Olivgrün
Element feuchte Erde
Sinn Riechen
Körper Instinkt und nieder kausal
Drüsenverbindung Nebennieren
Beruhigende Düfte Moschus, Zedernholz
Anregende Düfte Veilchen, Rosengeranie
Kristalle und Edelsteine Karneol, Tigerauge, Schneeflockenobsidian, Fossilien, Bornit
Gebet oder Affirmation
Durch Verbundenheit mit unserer kosmischen Natur können wir aus Dualität und Spaltung zu Ganzheit und Einheit gelangen.

Fallbeschreibung

Ich begegnete James, von Beruf leitender Angestellter, in einem naturheilkundlichen Sanatorium, wo ich als Beraterin und Heilerin tätig war. Er litt zunehmend unter immensem Stress, und sein Blutdruck war gefährlich hoch. Er nahm an meinen täglichen Entspannungsgruppen teil und bat mich um Einzelberatung. Auch seine Frau Mary hielt sich in dem Sanatorium auf, unterstützte James und gönnte sich selbst die so notwendige Pause. Sie war äußerst besorgt um ihn und fand auch das Zusammenleben mit ihrem arbeitssüchtigen Gatten anstrengend.

James hatte große Mühe, sich zu entspannen. Er fragte sich schon, wie er von den vier Wochen, die er gebucht hatte, die noch verbleibenden drei überstehen sollte. In seinem Alltag musste er täglich weite Strecken zum Arbeitsplatz zurücklegen. Laptop und Handy begleiteten ihn überallhin. Jede Reise verbrachte er mit Arbeit. Nie nahm er Mary mit auf seine Auslandsreisen oder gönnte sich Zeit zur Besichtigung der interessanten Orte, an denen er sich gerade aufhielt. An Abenden oder Wochenenden war er immer am Schreibtisch zu finden.

James besaß ein wunderhübsches Haus am Stadtrand, machte aber nie einen Spaziergang. Eher stellte er jemanden ein, der seiner Frau bei der Pflege des weitläufigen Gartens helfen sollte, als dass er sich selbst daran machte. Er machte nur widerstrebend Urlaub, und wenn man ihn endlich dazu überredet hatte, mussten Laptop und Aktenberge unweigerlich mit. Bei den seltenen Anlässen, zu denen seine Frau ihn dazu bringen konnte, ins Theater zu gehen oder Freunde zu besuchen, zeigte er sich ruhelos, reizbar und schroff. Mary berichtete, dass er nur auf dem Weg zu Auto, Bahn oder Flugzeug an die frische Luft kam. Sie war überzeugt, dass er keine Jahreszeiten wahrnahm. Er trug nur deshalb im Sommer leichtere Hemden und Anzüge, weil sie ihm Kleidung bereitlegte.

Als ich James sagte, dass ich neben der Beratung auch Heilungen vornahm, war er dafür erstaunlich aufgeschlossen. Vielleicht stellte er sich vor, ich könne einen Zauber weben, der ihm die Rückkehr in sein altes Leben ermöglichen würde, ohne dass er erkranken müsste. Ich beschloss, hauptsächlich an der Öffnung seines Alter-major-Chakras zu arbeiten. Das Energiefeld an seinem Hinterkopf fühlte sich verhärtet, statisch und taub an. Ich machte einige Fantasiereisen mit ihm und legte dabei besonderen Wert auf Naturbilder und Elemente. Wie vorherzusehen war, fand James Visualisierungen schwierig, aber ruhige Musik im Hintergrund erwies sich dabei als hilfreich, so dass er schließlich sogar gern zu den Sitzungen kam.

James war kein Mensch, der direkt mit seinen Chakren arbeitete, doch ich zeigte ihm, wie er mit seinen Fingerkuppen sanft den positiven Pol des Alter major massieren konnte. Das Sanatorium verfügte über ausgedehnte Ländereien mit Kühen und Pferden. Aus dem dicken Humusboden der angrenzenden Wälder stieg der Geruch feuchter Erde auf. Mary lud James zu gemeinsamen Waldspaziergängen ein und bemerkte, dass seine Rastlosigkeit schwand. Es fiel ihm leichter, entspannt mit ihr zu reden, während sie durch das Laub streiften.

Eines Tages sah Mary, wie James auf einer Bank saß und den Kühen beim Wiederkäuen zuschaute. Sie setzte sich zu ihm, und nach einer Weile nahm er ihre Hand und sagte: »Alles was ich wirklich brauche, ist daran zu denken, den Kühen öfter zuzuschauen.« Das war ein wirklicher Wendepunkt. Die kombinierte Behandlung im Sanatorium zeigte Wirkung. James wurde schließlich mit deutlich gesenktem Blutdruck entlassen. Er hatte den Vorsatz, seinen Lebensstil zu ändern, und eine Vorliebe für Kühe. Mary verließ das Sanatorium voller Hoffnung auf eine verbesserte gemeinsame Lebensqualität.

DIE STICHWORTE

Instinkt

Instinkt wurde schon in Verbindung mit dem Wurzelchakra erwähnt. Die Arbeit mit dem Alter major kann dazu dienen, die instinktive Alarmbereitschaft zu wecken. Die energetische Verbindung dieses Chakras zur alten Hirnrinde bringt uns in Kontakt mit dem nonverbalen Nachrichtensystem, das uns vor Gefahr bewahrt. Es veranlasst Ratten, das sinkende Schiff zu verlassen, oder Ponys in Kohlenbergwerken, das Betreten eines Flözes zu verweigern, lange bevor es irgendwelche Anzeichen für drohendes Unheil gibt. Wenn wir Menschen »zufällig« aufstehen und den Raum verlassen, unmittelbar bevor die Zimmerdecke über dem Stuhl herabstürzt, auf dem wir noch eben gesessen haben, so tun wir das als »Glück« ab. Wir sagen »Ich war noch nicht an der Reihe« oder »Mein Schutzengel hat ganze Arbeit geleistet«. Es erscheint uns unglaublich, dass solche Ereignisse einem nonverbalen Signalsystem zu verdanken sind, das wir auch bewusst weiterentwickeln können. Wäre unser Gespür dafür nicht verloren gegangen oder verkannt worden, müsste unser Planet jetzt nicht vor der Katastrophe stehen. Es gibt eine gesellschaftliche Tendenz, Warnungen nur dann ernst zu nehmen, wenn sie wissenschaftlich-logisch begründet sind. Wahrsager, die intuitiv oder instinktiv handeln, werden missachtet oder gar zum Gespött gemacht.

Resonanz

Bei Resonanz handelt es sich um das Phänomen, das Rupert Sheldrake (s. Bibliografie) als »morphologische Resonanz« bezeichnete. Nach Ansicht von Psychologen und Naturwissenschaftlern gibt es hinreichend Belege, dass sich die Hypothese vom »hundertsten Affen« sowohl bei Menschen als auch bei Tieren bestätigt. Demnach lernt ein Affe auf einer Insel seine Kartoffeln zu waschen, bevor er sie frisst. Er gibt das Verfahren einem anderen weiter, der es wiederum einem anderen beibringt. Sobald nun hundert Affen Kartoffeln waschen, werden alle Affen der Welt sie waschen, ohne einen bewussten Lernprozess durchlaufen zu haben. Hundert stellt dabei eine optimale Anzahl oder Proportion dar.

Jung schrieb ausführlich über das »kollektive Unbewusste« (s. Bibliografie) und nahm an, dass alles, was Menschen je tun oder getan haben, auf einen jeden von uns seine Wirkung ausübt. Diese Energien lassen ungeahnte Möglichkeiten hinsichtlich der Funktion des Einzelnen in einem kollektiven Wandlungsprozess vermuten. Mit hoch entwickelten Kommunikationssystemen kann die »optimale Anzahl« leichter gefunden werden. In den vergangenen Jahren haben weltweite Friedenstage, Tage des Gebets, der Meditation oder der freudigen Ausgelassenheit erheblich dazu beigetragen, unser Bewusstsein zu verändern und uns zu ermutigen, uns gegenseitig an unseren Ressourcen teilhaben zu lassen. Weniger bekannt ist, dass die Arbeit mit dem Altermajor-Chakra sowohl die Wirkung der »morphologischen Resonanz« erhöht als auch die der »kreativen Minderheit«. Wenn genügend Menschen über dieses Wissen verfügen, werden Quantensprünge mit Sicherheit noch zu unserer Zeit geschehen.

Dualität und devische Natur

Diese beiden Stichworte müssen im Zusammenhang gesehen werden. Das Alter-major-Zentrum stärkt unseren Kontakt mit Pflanzen, Bäumen, Tieren, Felsen, Elementen, Jahreszeiten, Wachstumszyklen und der Substanz der Erde.

Wenn man natürliche Rhythmen und Zyklen beachtet, wird das ganze Leben harmonischer, Krankheiten werden seltener und können leichter mit natürlichen Mitteln geheilt werden. Stören wir aus Mangel an Achtsamkeit die Welt der Natur, fördern wir Dualität und erhöhen unsere Verletzlichkeit bis hin zu tief greifenden Krankheitsprozessen, die sich der Heilung widersetzen.

Pan, der mythische König der elementaren Welten, ist die symbolische oder archetypische Gestalt dieses Chakras. Zum einen erscheint er als junger

Mann, der die Panflöte spielt und Fülle und Fruchtbarkeit herbeiruft, zum anderen ist er halb Ziegenbock, halb Mensch, mit einem überdimensionalen erigierten Phallus, der Angst vor Vergewaltigung und Alpträumen einflößt. In dieser Verkleidung verursacht er höllische Pan-ik.

Wir wissen vergleichsweise wenig über die energetischen Hüter der elementaren Naturwelten – sie tragen unterschiedliche Namen wie Engel, kosmische Wesen, Naturgeister, Feen, Gnome, Elfen, Undinen, Nymphen und Kobolde. Sie werden in Erzählungen und Abbildungen als Teil unseres mythischen Bewusstseins dargestellt. Kosmische Wesen wirken als Beschützer von Flüssen, Tälern, Hügeln und Bäumen. Feen, Elfen, Undinen und Kobolde sind Energiewesen mit einer Portion Humor. Den »Sehenden« erscheinen sie in halb menschlicher Gestalt, wenn sie Aufmerksamkeit heischen und kommunizieren wollen. Sie sind verstört, wenn sie ihre Lichtblitze und Farben nicht sehen oder ihr Gelächter nicht erklingen hören. Wo Energie ist, da sind auch sie zu finden. In geordneten Bahnen wirken sie mit den guten Geistern zusammen und richten ihre Energien auf Wachstum, Fruchtbarkeit und Fülle. Herrscht aber Disharmonie, werden die kosmischen Wesen von den Orten angezogen, an denen der Energiefluss am stärksten ist. Da sie aus ursprünglicher Energie bestehen, sind sie von Grund auf amoralisch und wählen sowohl schwierige als auch positive Aspekte menschlichen Lebens und Treibens zur Zielscheibe.

Heilen

Heilen besitzt eine wichtige Verbindung zur devischen Natur. In jedem von uns gibt es natürliche Selbstheilungsmechanismen. Durch Konflikte und Widrigkeiten des Lebens entstehende Probleme schlagen sich oft in Krankheitsprozessen nieder. Forschungsergebnisse zeigen, dass wir die autonomen Systeme des Körpers beeinflussen können, indem wir unsere rechte Hirnhälfte aktivieren lernen.

Obwohl das Alter major mit der alten Hirnrinde verbunden ist, stimmt es eher mit der rechten Hirnhälfte als mit der linken überein (s. Glossar). Wenn wir uns bewusst für unsere Selbstheilungskräfte einsetzen, kann das Ursprüngliche unserem Körper wieder zu Gesundheit und Harmonie verhelfen. Ein wichtiger Faktor in unseren Gesundheits- oder Krankheitsmustern ist die Ausgewogenheit von Erde, Luft, Feuer und Wasser.

Eine positive Einstellung zu allen Alter-major-Stichworten führt zu einem tieferen Verständnis unserer Gesundheit. Der Instinkt ist ein Frühwarnsystem. Resonanz und devische Natur helfen uns, unseren rechtmäßigen und stimmigen Platz im Universum einzunehmen. Polaritäten lehren uns, verantwortliche Entscheidungen zu treffen.

DIE FARBEN

Auch die dichteren Farben dieses Chakras sollte man sich als Teil eines bunten Glasfensters vorstellen, durch das die Sonne scheint. Jede der Alter-major-Farben ist häufig in der Natur und in Naturtönen anzutreffen. Alte Kulturen verwendeten sie bei ihren Malereien und Kunstgegenständen.

Das Braun hat einen ziemlich dunklen Ton mit einem Hauch Rot darin. Gelb-ocker gleicht der Farbe von altem Senf, die man an Flechten oder Baumpilzen findet. Das Olivgrün in diesem Chakra entspricht dem silbrigen Grün von Olivenbaumblättern in der Provence oder anderen mediterranen Landschaften. Bei der Visualisierung für das Alter major ist diese Farbe dem kräftigeren Farbton grüner Oliven vorzuziehen.

Das Visualisieren der Alter-major-Farben hilft dieses wichtige Zentrum zu erwecken und auch deine Verbindung zur Welt der Natur zu stärken. Gelb-ocker fördert die Entwicklung des instinktiven präverbalen Frühwarnsystems.

DAS ELEMENT

Feuchte Erde verbindet das Alter major mit dem Wurzel- und dem Sakralchakra. In Wäldern zu wandern, die nach feuchtem Humus rochen, brachte James wieder in Kontakt mit der Natur und ihren Fruchtbarkeitsrhythmen. Feuchte Erde ist reich an Naturzyklen wie Tod, Auflösung und Transformierung in Nährstoffe. Archäologen kennen die konservierende Eigenschaft feuchter Erde.

Auf symbolischer Ebene steht dieses Element für den ständigen Kreislauf zwischen Unbewusstem und Bewusstem. Unmöglich kann alles, was die Menschheit je gelernt oder erfahren hat, permanent auf höchster Bewusstseinsstufe gehalten werden. Das Wissen folgt einem ebenso natürlichen

Rhythmus wie die Jahreszeiten oder die Säfte in einem Baum. Wenn sie in ihren winterlichen Speicher zurücksinken, werden sie genährt und reaktiviert, und im Frühjahr bringen sie Wiedergeburt und neues Wachstum.

DER SINN

Der Sinn des Alter major ist identisch mit dem des Wurzelchakras, wie er in Kapitel 3 beschrieben wurde.

DER KÖRPER

Der niedere Kausalkörper ist eine Schicht innerhalb der Seele, des Ätherischen oder Kausalkörpers (s. Kapitel 9). Er ist Teil des feinstofflichen Energiefeldes, das die Rhythmen der Seele bestimmt. Unsere Geburt findet zu einer bestimmten Zeit statt, und wir werden so lange vom Tod verschont, bis die uns gegebene Lebenszeit erfüllt ist. Das Bewusstsein für diese Seinsebene und die Verständigung mit ihr führen zu einer Bearbeitung der karmischen Gesetze von Ursache und Wirkung und lassen weniger unerledigte Aufgaben zurück, die in einem zukünftigen Leben ausgeglichen werden müssen.

DIE DRÜSENVERBINDUNG

Die Drüsenverbindung ist dieselbe wie für den Solarplexus (s. Kapitel 5).

DIE DÜFTE

Einige Menschen sind so sehr auf die Elemente und natürlichen Erdrhythmen eingestimmt, dass sie in ihrem Bewegungsablauf und ihrer flatterhaften Lebenseinstellung wie Kobolde erscheinen. In diesen Fällen ist das Alter-major-Chakra vermutlich überaktiv und braucht eher beruhigende Düfte.

Das Alter-major-Chakra von James war ziemlich fest geschlossen, so dass sein Masseur im Sanatorium dem üblichen Massageöl eine Mischung aus Lavendel und Ambraölen hinzufügte.

DIE KRISTALLE UND EDELSTEINE

Informationen zur Arbeit mit Kristallen und Edelsteinen sind in Kapitel 16 zu finden.

• *Karneol* ermutigt zu Kontakt mit Naturgeistern. Er fördert Erinnerungen an frühere Leben und bedeutsame Träume.

• *Tigerauge* befähigt zu besserem Kontakt mit der Erde, ihren Rhythmen und Jahreszeiten. Wenn er zwischen gepflanzten Kräutern flach eingegraben wird, fördert er deren Wachstum.

• *Schneeflockenobsidian* steht in Verbindung mit den Zyklen von Tod und Wiedergeburt. Er spendet Widerstandskraft in allen Zeiten des Wandels und stärkt den instinktiven niederen Kausalkörper.

• *Fossilien* helfen, uns mit der im kollektiven Unbewussten aufgehobenen Weisheit zu verbinden. Sie fördern eine natürliche, entspannte Einstellung zum Leben, zur Inkarnation und zur Evolution.

• *Bornit* trägt zur Erinnerung an Fähigkeiten bei, die in einem früheren Leben bereits zur Verfügung standen oder die im kollektiven Unbewussten aufgehoben sind. Dies bezieht sich insbesondere auf das Wiederbeleben früherer Heilkräfte.

ZUM ABSCHLUSS

Ein Alta-major-Chakra erscheint in den Schriften von Alice Bailey (s. Bibliografie). Alta heißt »höher«, während alter die Bedeutung »anders« trägt. Einige Yogasysteme schließen auch ein Chakra am Hinterkopf mit ein, das keine Beziehung zu einer spezifischen Anzahl Blütenblätter oder zu den Sanskritvokalen hat wie die klassischen sieben Chakren.

Bei diesen sieben Chakren gibt es eine sukzessive Steigerung vom Niederen zum Höheren gemäß ihrer Schwingungsfrequenz und ihrer Lage im aufrechten menschlichen Körper. Die Platzierung des Alter major fällt aus der Abfolge heraus. Obwohl es zwischen Kehl- und Stirnchakra liegt, ist seine Schwingungsfrequenz zwischen der des Wurzel- und des Sakralchakras anzusiedeln. Sein Element ist eine Kombination aus Erde und Wasser. Es hat den Geruchssinn mit dem Wurzelchakra und die Drüsenverbindung mit dem Solarplexus gemeinsam.

DIE ARBEIT MIT DEM ALTER-MAJOR-CHAKRA

Kontakt aufnehmen

Denke daran, dass der positive Pol (im magnetischen Sinne) des Alter major in seinem Stiel liegt. Demnach fließt seine Energie von hinten nach vorn.

Verwende die in Kapitel 3 beschriebene Kontaktübung, setze jeweils »Alter major« ein und schließe mit der Übung »Bilder und Symbole«.

Geführte visuelle Meditation

Stelle sicher, dass du ungestört sein wirst ... sitze oder liege bequem ... schließe deine Augen und entspanne dich, indem du dir deine innere Landschaft vorstellst und in einem Wald wanderst ... es ist kühl, schattig und feucht ... unter deinen Füßen liegt ein dicker Teppich aus weicher Erde ... du bist aus der heißen Sonne in diesen Wald getreten, und die schattige Kühle ist angenehm ... die Düfte von Bäumen, Pflanzen und verborgenen Tieren sind sehr intensiv ... der Pfad ist gewunden und führt dich zum Mittelpunkt des Waldes ... am Wegesrand siehst du alte Felsen, mit Moos und Flechten überwachsen ... du entdeckst einen vollständigen Hexenring von Pilzen und spürst, dass dies ein ganz besonderer magischer Ort ist ... allmählich lichten sich die Bäume ... als du eine Lichtung betrittst, bist du von der Helligkeit der Sonne geblendet ... allmählich erkennst du hier einen Ring alter Steine ... um die Steine ist das Gras grün und saftig ... es herrscht eine besondere Stille ... du gehst um diesen Kreis herum und berührst angesichts ihres Alters jeden Stein mit einem Gefühl der Ehrfurcht und Ehrerbietung ... nach einer Weile lässt du dich nieder, mit dem Rücken an einen Stein gelehnt ... du spürst die gespeicherte Sonne ... ein Gefühl von Zeitlosigkeit erfasst dich, während warme Heilenergie in deine Wirbelsäule strömt ... du fühlst die tiefe Verbindung dieser Steine mit der Erde ... du wirst dir der Schwingung der Steine bewusst, wie sie ihren heiligen Kreis bilden ... du staunst, wie Menschen früher so viel Weisheit und Wissen über die Erde besaßen, dass sie diese Steine gesetzt haben ... du gehst gestärkt, geheilt und gewärmt eine letzte Runde um den Steinkreis, berührst wieder jeden Stein und fühlst seine Beschaffenheit ... verabschiede dich ... gehe zurück durch den kühlen, feuchten Wald ... in den Sonnenschein hinaus ... zurück zum Bewusstsein deines Atemrhythmus und deines Körpers ... stelle deine Füße fest auf den Boden und komm in deine Alltagswelt zurück ... umgib dich mit einem

Lichtmantel und visualisiere ein Lichtkreuz oder einen Lichtstern in einem Lichtkreis über der Vorder- und Rückseite deines Alter-major-Chakras.

Düfte
Verwende die besonderen Düfte für dieses Chakra, um es zu aktivieren, zu beruhigen oder auszugleichen. In Kapitel 3 findest du weitere Anregungen und Vorschläge zur Arbeit mit Düften.

Farben
Atme in dein Alter-major-Chakra (von hinten nach vorn) und füttere es mit den am Anfang des Kapitels angegebenen Farben. Denke daran, dir zum Schluss das Lichtkreuz oder den Lichtstern in einem Lichtkreis über der Vorder- und Rückseite des Chakras vorzustellen.

Andere Vorschläge
Informiere dich über traditionelle Feste zu Ehren der Rhythmen der Erde und ihrer Jahreszeiten (s. Bibliografie). Lade Freunde und Familie ein und feiere einen dieser Tage.

Werde dir der vier Elemente Erde, Wasser, Feuer und Luft gewahr, indem du Spaziergänge in der Natur unternimmst und beobachtest, welche Rolle die Elemente in unserem Leben und in unserem Körper spielen.

Werde dir des Tierreichs bewusster. Lass deine Zuneigung zu Haustieren oder anderen Tieren, mit denen du Kontakt hast, wieder aufleben. Höre dir die aufgezeichneten Gesänge von Walen und Delphinen an.

Lerne deinen Geruchssinn schätzen. Dabei ist die Anwendung der Düfte hilfreich, aber nimm auch die unangenehmen Düfte um dich herum wahr. Verwende in deiner Wohnung oder deiner Arbeitsumgebung natürliche Düfte wie Lavendel.

Gib deinen Zimmer- und Gartenpflanzen neue Wertschätzung. Sieh nach, ob einige von ihnen Düngung oder neue Blumentöpfe brauchen.

Massiere mit deinen Fingerkuppen den positiven Pol deines Alter-major-Chakras am Hinterkopf in sanft streichenden Bewegungen.

Affirmation
Denke nach oder meditiere über die Worte am Anfang des Kapitels.

Kapitel 12

Das Basischakra

Ort Blütenblätter über dem Schambein, Stiel zum Steißbein weisend.
Stichworte Vergeltung, Ausgleich, Wahl, Übergang, Friede, Welt
Entwicklungsalter Empfängnis bis Geburt
Farben Rosarot, Rubinrot, Purpur
Element Erde
Körper kausal
Beruhigende Düfte Heidekraut, Rosenholz
Anregende Düfte Zitronenverben, Thymian
Kristalle und Edelsteine Rhodochrosit, Mondstein, Rosenquarz, rosa Opal, Rubellit
Gebet oder Affirmation
Wir erkennen an, dass es ein Zusammenwirken gibt zwischen der Vergeltung, die unsere Seele erwählt hat, und unserer psychologischen Umgebung. Wir versuchen, den Übergang von der Vergeltung zum Ausgleich zu verstehen und uns ihm zu ergeben.

CHAKREN MIT EINEM UNTERSCHIED

Dieses Chakra sowie die verbleibenden drei anderen erwachen gerade erst und können daher noch nicht mit Fallbeschreibungen belegt werden.

Die Basis ist das einzige neue Chakra mit einem Entwicklungsalter. Es steht direkter mit dem physischen Körper in Beziehung als das Hara, das Zentrum bedingungsloser Liebe, oder das dritte Auge, wobei es jedoch keine Drüsenverbindung besitzt.

Wenn man nur mit dem siebenteiligen System vertraut ist, kennt man das Wurzelchakra manchmal auch unter dem Namen Basischakra.

DIE STICHWÖRTER

Vergeltung, Ausgleich und Wahl

Die Stichwörter beziehen sich auf besondere Phasen oder Karmatypen. Vor unserer Inkarnation treffen wir eine Wahl mit Hilfe unseres höheren Selbst, unserer Schutzengel und spirituellen Führer. Gildas betont die Bedeutung von »vergeltendem«, »ausgleichendem« und »transzendentem« Karma.

Bevor wir inkarnieren, entscheiden wir in Absprache mit unserem höheren Selbst über die karmischen Lektionen, die wir zu lernen haben. Dann wählen wir unsere Lebensumgebung und die Faktoren, die unser Bewusstsein und unsere Möglichkeiten beeinflussen werden. Wenn wir beispielsweise in einer anderen Lebenszeit Machtmissbrauch betrieben haben, inkarnieren wir jetzt vielleicht in Umstände, die psychisch oder physisch entmachtend sind. Beim Überwinden von Hindernissen müssen wir lernen, Macht sinnvoll einzusetzen. So können wir den Rückschlag in einen Vorzug verwandeln, indem wir Integrität entwickeln und sie in menschlichem Miteinander wirken lassen.

Mit solch einem Wandel treten wir in die ausgleichende Phase des Karmas ein, in der wir bewusst danach streben, unsere Begabungen und Kenntnisse zum Wohle der Menschheit einzusetzen.

Die transzendente Stufe des Karmas ist dann erreicht, wenn man das Nichtanhaften gelernt hat und ein dankbares Sichergeben in den höheren Willen entsteht.

Diese karmischen Stadien enthalten kein lineares oder hierarchisches Fortschreiten. Zu jeder Zeit können wir in verschiedenen Lebensbereichen mit allen dreien befasst sein.

Übergang

Dieses Stichwort bezieht sich auf die Phase kurz vor der Empfängnis bis zur Geburt. Während dieser Zeit trifft der Geist die letzten Vorbereitungen für die Inkarnation. Das höhere Selbst, Schutzengel und spirituelle Führer überschauen die Reise.

Friede und Welt

Jedes der neuen Chakren hat als Stichworte zwei Archetypen. Das erwachende Basischakra wird unser Streben nach Frieden in der Welt intensivieren. Es wird uns stärker motivieren, menschliche Einheit aus Solidarität und brüderlich-schwesterlicher Liebe zu erfahren.

DAS ENTWICKLUNGSALTER

Im Verlauf der letzten Jahre gab es zahlreiche philosophische, spirituelle und medizinische Debatten um den Moment, in dem der menschliche Fötus als lebensfähig bezeichnet werden kann.

Die meisten spirituellen Führer sind sich darüber einig, dass der Geist erst unmittelbar vor oder nach der Geburt einfließt. Während der Schwangerschaft ist er sehr nahe, und die Erfahrungen des Fötus im Mutterleib üben eine starke Anziehung aus. Die wahre Inkarnation im esoterischen Sinn vollzieht sich jedoch erst mit der Geburt.

Während der Schwangerschaft erlangen Seele und Geist volles Bewusstsein über die Konsequenzen der Wahl, die sie getroffen haben. Die Vorbereitungen werden abgeschlossen, um als hilfloses Kind auf die Welt zu kommen. Aus höherer Sicht kann Geburt als Tod erscheinen und Tod als Wiedergeburt.

DIE FARBEN

Dunkles Rosarot ist die Farbe, die wir tatsächlich in unseren Rosengärten sehen. Sie besitzt große Tiefe mit einer gewissen Verletzlichkeit. Rubinrot ist die Farbe berühmter Edelsteine und auch großer Rotweine. Purpur hat einen etwas weniger strahlenden Ton als das Violett des Kronenchakras. Es ist dichter in seiner Qualität.

Für werdende Eltern sind Rubin und Purpur gut zur Visualisierung geeignet, um das ankommende Wesen willkommen zu heißen, ihm einen ruhigen Übergang und eine friedliche Zeit im Mutterschoß zu bescheren.

Dunkles Rosarot unterstützt Achtsamkeit gegenüber der Erde, ihrer Verletzlichkeit und Gaben und lässt die Notwendigkeit einer besseren Beziehung zu ihr erkennen.

DAS ELEMENT

Das Element Erde ist dasselbe wie für das Wurzelchakra. Wenn das Basischakra vollständig erwacht ist, werden wir würdig sein, das »Erbe der Erde« anzutreten. Die Botschaft dieses Chakras ist dieselbe wie die des Wurzelchakras und des Alter major. Der Schlüssel zu seiner Besonderheit liegt in dem Wort »Wahl«. Je mehr wir uns der Wahl, die wir treffen, bewusst sind, desto nachhaltiger können wir das Bewusstsein unserer spirituellen Herkunft beim Übergang in unsere Inkarnation bewahren. Immer mehr Neugeborene haben jenen deutlich erkennbaren Ausdruck einer »alten Seele«, der auf einem aktiveren Basischakra beruht.

DIE DÜFTE

Da dieses Chakra selten weit genug entwickelt ist, um Beruhigung zu benötigen, ist es am besten, die am Anfang des Kapitels angegebenen vier Essenzen zu einem ausgleichenden Duft zu mischen.

DIE KRISTALLE UND EDELSTEINE

Informationen zur Arbeit mit Kristallen und Edelsteinen sind in Kapitel 16 zu finden.

- *Rhodochrosit* verfügt über eine sanfte Energie. Er fördert unsere Liebe zur Erde und lässt uns das Zusammenwirken von Geist und Materie erkennen.
- *Mondsteine* sollten bei der Verwendung für das Basischakra zartrosa im Ton sein. Sie helfen uns bei Übergängen und bei dem Schritt vom Karma der Vergeltung zum Karma des Ausgleichs.
- *Rosenquarz* wirkt tröstlich. Bei diesem Chakra hilft er uns, die Verbindung zu unserem Schutzengel lebendig zu erhalten.
- *Rosa Opal* erleichtert die Geburt. Er eignet sich für werdende Mütter während der Wehen, ist aber auch hilfreich bei der Geburt neuer Ideen, zu Beginn neuer Lebensphasen oder bei Übergangsritualen.
- *Rubellit* erleichtert uns die Erinnerung an spirituelle Welten und Ebenen. Er bringt uns dazu, den Dingen und Gebäuden, die wir erschaffen, Schönheit und heilige Dimensionen zu verleihen.

DIE ARBEIT MIT DEM BASISCHAKRA

Verwende die in Kapitel 3 beschriebene Kontaktübung und setze an geeigneter Stelle das Wort »Basis« ein. Schließe die Übung »Bilder und Symbole« an.

Geführte visuelle Meditation

Stelle sicher, dass du nicht gestört werden wirst und sitze oder liege bequem ... schließe deine Augen und folge deinem Atemrhythmus in einen Zustand der Entspannung ... du befindest dich bei Nacht auf einem Hügel ... Wärme umgibt dich und die Luft ist angenehm ... der Himmel gleicht diamantenbesetztem Samt ... alle Sterne und die Milchstraße sind klar zu erkennen ... die Mondsichel scheint hell ... unter dir glitzern die Lichter verstreuter Häuser oder Bauernhöfe ... betrachte diesen Ausschnitt der Welt und sei dir der Städte jenseits davon bewusst ... der Flüsse und Meere... anderer Länder und Kontinente ... der ganzen Erdkugel ... projiziere deine Wahrnehmung in den Weltraum und stell dir unseren Planeten aus der Sicht von Astronauten vor ... sei der emsigen Lebenskraft der Menschheit gewahr ... denke an das Leiden, aber konzentriere dich vor allem auf die Vision einer besseren Welt ... einer Menschheitsfamilie, in der es gegenseitige Liebe gibt ungeachtet der Hautfarbe und des Glaubens ... kehre wieder zur Betrachtung des nächtlichen Sternenhimmels zurück ... eine Sternschnuppe fällt zur Erde ... einige Völker glauben, dass eine Sternschnuppe eine Seele auf dem Weg zur Erde oder von ihr weg ist ... ein Symbol für Geburt oder Tod ... denke an alle, die an diesem Tag sterben oder geboren werden ... segne ihren Übergang ... kehre allmählich wieder zum Rhythmus deines Atems zurück ... spüre deinen Körper ... stelle deine Füße fest auf den Boden ... und tauche vollständig in deine alltägliche Umgebung ein ... schließe die Blütenblätter deines Basischakras und zeichne ein Lichtkreuz oder einen Lichtstern in einem Lichtkreis, um es zu segnen.

Düfte

Vereine die Düfte dieses Chakras zu einer ausgleichenden Mischung. In Kapitel 3 findest du weitere Anleitung und Vorschläge zur Arbeit mit Düften.

Farben
Atme in dein Basischakra, und füttere es mit den am Anfang des Kapitels angegebenen Farben. Stelle dir die Farben durchsichtig vor. Visualisiere zum Schluss das Lichtkreuz oder den Lichtstern in einem Lichtkreis über den Chakrablütenblättern.

Andere Vorschläge
Denke über dein Leben nach und schau, ob du ein Karmastadium identifizieren kannst. Welche Hindernisse hast du überwunden und welche unerwartete Stärke dabei entwickelt?

Finde heraus, welchem Einfluss du im Mutterleib ausgesetzt warst. Wurdest du freudig erwartet, oder war deine bevorstehende Ankunft mit Problemen, Veränderungen, Zweifeln oder Ängsten belastet? Heile alle Wunden aus jener Zeit, indem du dir die Reise eines willkommenen und freudig erwarteten Kindes vorstellst.

Besinne dich auf die Dinge im Leben, die dir Frieden bringen. Gib ihnen mehr Raum in deinem Leben.

Affirmation
Denke nach oder meditiere über die Worte vom Anfang des Kapitels.

Kapitel 13

Das Harachakra

Ort Im Aurafeld zwischen dem Sakral- und dem Solarplexuschakra
Stichworte Vitalität, Macht, Heilung, Regeneration, Gleichgewicht, Gott
Farben Aprikose, Silber, Platin
Element Granit
Beruhigende Düfte Hibiskus, Aprikose
Anregende Düfte Weihrauch, Maiglöckchen
Kristalle und Edelsteine Kalzit, Sonnenstein, radialstrahliger Pyrit, Stibnit, Wulfenit
Gebet oder Affirmation
Wir bekennen uns zur universellen vitalen Lebenskraft und verbinden uns mit ihr. Wir nehmen unser Potenzial für Heilung und Regeneration an in dem Wissen, dass Erlösung von Krankheit zu kollektiver Selbstverwirklichung führen wird.

VORSTELLUNG DES HARACHAKRAS

Die bereits erforschten Chakren und der physische Körper durchdringen einander wechselseitig. Das Hara folgt nicht diesem Beispiel. Seine Form gleicht einem Wirbel, der sich ein wenig vom Körper entfernt, aber noch im Bereich der Aura befindet. Das Hara besitzt Energielinien, die es mit anderen über- und untergeordneten Chakren verbindet. Bei manchen Menschen ist das Harazentrum von Natur aus wach, bei anderen ziemlich geschlossen oder kaum erkennbar. Der erste Schritt, um sich Zugang zu seinen lebenswichtigen und wohltuenden Qualitäten zu verschaffen, liegt in der Stärkung seiner energetischen Verbindungen zum Sakral- und Solarplexuschakra und zu untergeordneten Chakren oberhalb von Leber und Milz. Wenn die Verbindungslinien entwickelt sind, unterstützen sie den Harawirbel in seiner Öffnung und Drehbewegung. Vitalitätsreserven werden dann ganz von selbst aus der »universalen Quelle« aufgefüllt, die uns Widerstandskraft und ein hohes Energieniveau verleiht sowie die Fähigkeit, uns nach Stress und Strapazen schnell wieder zu erholen.

Chinesische Modelle des Energiesystems nennen diesen Bereich das »untere Dantien« *(tan-t'ien)*. Es steht, wie das Hara, in besonderem Zusammenhang mit der Lebensessenz eines Menschen.

DIE STICHWORTE

Vitalität

Vitalität ist die Kraft, die uns Lebenslust verleiht und die Fähigkeit, jedem Augenblick freudig zu begegnen. Sie sollte nicht mit Hyperaktivität verwechselt werden, die ein unnatürlicher Zustand ist und unsere Adrenalinreserven erschöpft. Wenn wir uns in der Nähe eines vitalen Menschen aufhalten, fühlen auch wir uns erfrischt, während hyperaktive Menschen sich selbst und andere ermüden.

Macht

Nach dem *Chambers Dictionary* ist Macht »die Fähigkeit etwas zu tun – spirituell, mental, physisch« und »die Fähigkeit, eine Wirkung hervorzurufen«. Oft vermeiden wir das Thema »Macht«, weil wir sie allzu schnell negativ sehen. Gewiss hat uns die Erfahrung zweier Weltkriege gelehrt, dass absolute Macht korrumpiert. Wenn wir jedoch persönliche Macht leugnen, bleiben wir Widerständen gegenüber machtlos. Wir müssen Vertrauen entwickeln in unsere »Fähigkeit, eine Wirkung hervorzurufen«, wenn wir nicht angesichts der Probleme unseres Zeitalters in Lethargie verfallen wollen.

Macht ist ein Archetyp höherer Qualität und sollte positiv bewertet werden.

Heilung

Viele begnadete Heiler arbeiten ganz selbstverständlich vom Harazentrum aus. Seine Stärke hilft ihnen, Substanzverlust zu vermeiden, und schützt sie davor, Spuren der Symptome ihrer Patienten zu »übernehmen«.

Selbstheilungskräfte werden durch die Entwicklung des Harachakras gefördert. Die gleiche Wirkung entsteht, wenn wir uns im Verlauf von Heilungsmeditationen mit dem Hara verbinden.

Regeneration
Die Regeneration ist bereits bei dem Sakralchakra besprochen worden. Das Hara bringt regenerierende Lebenskraft hervor.

Gleichgewicht
Das Gleichgewicht, das wir durch dieses Chakra erhalten, ist sowohl physiologisch als auch symbolisch zu verstehen. Bei einem aktiven Hara verbessern sich unser physisches Gleichgewicht und unsere Haltung. Tänzer haben normalerweise ein von Natur aus entwickeltes Hara.

Gott
Gott ist der zweite Archetyp für dieses Chakra. Man könnte argumentieren, dass Gott streng genommen kein Archetyp ist, da ja alle archetypische Energie der göttlichen Quelle entspringt. Doch Religion ist ein Bestandteil einer jeden uns bekannten Kultur – selbst einer so frühen wie dem Paläolithikum (Altsteinzeit). Die Sehnsucht nach Spiritualität im Leben und der gemeinsame Glaube an einen »Schöpfer« oder eine göttliche Intelligenz werden von einem archetypischen Impuls hervorgebracht.

DIE FARBEN

Die Farbe reifer Aprikosen ist ein weicher und warmer Ton. Er erhöht die Bereitschaft des Körpers zur Selbstheilung. Silber ist die Farbe des gleichnamigen Metalls. Es wird bei der Heilung verwendet, wenn eine Kombination von Flexibilität und Stärke gefragt ist. Platin gleicht Silber, ist aber eher bläulich im Ton. Auf symbolischer Ebene bedeutet es Widerstandskraft und Ausdauer.

DAS ELEMENT

Granit ist ein harter Stein mit Quarz- und Kieselerdeanteilen. Er symbolisiert Stärke und Durchhaltevermögen, die das Harachakra verleiht.

DIE DÜFTE

Hyperaktive Menschen oder Kinder brauchen die beruhigenden Düfte, um den sanften Fluss der Haraenergie zu unterstützen.

Dieses Chakra ist nicht Sitz von Spannung oder Hyperaktivität, doch die anregenden Düfte fördern Bewegung, während die beruhigenden Gelassenheit verleihen. Menschen mit schnell fortschreitenden Krebserkrankungen können gleichermaßen von den beruhigenden Düften profitieren.

Von den genannten Ausnahmen abgesehen benötigen die meisten von uns anregende Düfte. Es besteht auch die Möglichkeit, alle vier zu einer ausgleichenden Essenz zu mischen.

DIE KRISTALLE UND EDELSTEINE

Weitere Informationen zur Arbeit mit Kristallen und Edelsteinen sind in Kapitel 16 zu finden.

- *Kalzit* fördert das Gleichgewicht. Er stärkt die Energiezufuhr, die das Hara braucht, um optimal zu funktionieren.
- *Sonnenstein* unterstützt die Empfangsbereitschaft für Energie aus der universellen Quelle. Er regt die Fähigkeit zur Selbstheilung an.
- *Pyrit* kommt in radialstrahliger Form vergleichsweise selten vor. Er besteht aus flachen goldenen Scheiben, von deren Mittelpunkt leuchtende Strahlen ausgehen. Diese Form erleichtert es uns, Stress standzuhalten.
- *Stibnit* ist ein für Heiler hilfreicher Kristall, äußerlich metallisch und gestreift. Er ermöglicht einen stetigen Energiefluss zu anderen Menschen und hilft eine ruhige erfrischende Präsenz zu entwickeln.
- *Wulfenit* hat wegen seiner Aprikosenfärbung eine Verbindung zum Hara. Er stärkt das Aurafeld. Er hilft allen, die sich in Autorität heischenden Positionen befinden, ihre Macht durch Mitgefühl zu mildern.

DIE ARBEIT MIT DEM HARACHAKRA

Die Harachakraübungen werden dir nicht leicht fallen, bevor du nicht einige Erfahrung mit den anderen Chakraübungen gesammelt hast.

Die energetische Struktur aufbauen

Bei dieser Übung ist es wichtig, in aufrechter Position zu sitzen. Du kannst dabei den Rücken anlehnen. Wenn du auf einem Stuhl sitzt, kreuze weder Beine noch Fußgelenke.

Schließe die Augen und wende einige Minuten lang die Mittelsäulenübung aus dem ersten Kapitel an. Lenke deine Aufmerksamkeit in dein Sakralchakra und halte seine Blütenblätter flexibel offen. Lass deine Achtsamkeit durch die Mittelsäule zum Solarplexuszentrum wandern. Öffne auch seine Blütenblätter. Wandere mit deiner Aufmerksamkeit etwas höher zum Energiezentrum über deiner Milz, dann gehe nach innen zu deinem Leberzentrum. Stell dir Spiralen goldener Energie vor, die aus jedem dieser Zentren in dein Aurafeld strömen und sich in einem Punkt zwischen Sakralzentrum und Solarplexus treffen. Konzentriere dich, bis diese Struktur klar und stark wird. Ein paar Minuten Arbeit täglich führen eher zum Erfolg, als es in einer einzigen Sitzung zwingen zu wollen.

Wenn die Struktur gut etabliert ist, wirst du ganz von selbst spüren, wie der Harawirbel sich öffnet, dreht und Vitalität durch die Spiralen zu den lebenswichtigen Organen des Körpers zurückschickt. Du brauchst das Hara nicht zu schließen, es wird sich in Übereinstimmung mit deinen Bedürfnissen selbst regulieren.

Geführte visuelle Meditation

Stelle sicher, dass du ungestört bist … nimm eine bequeme Sitz- oder Liegestellung ein … schließe deine Augen und begib dich mit Hilfe deines Atems in jenen Ruhezustand, der dir deinen inneren Raum erschließt … atme deine Aufmerksamkeit zu deinem Harachakra … sieh das Chakra als einen Wirbel sich vermischender Aprikosen-, Silber- und Platinfarben … spüre die spiralförmigen Energiemuster in und um den Harawirbel … fühle dich, als würdest du in einen tiefen Teich aus hellem Licht tauchen … Stärke durchströmt dich … du fühlst dich von dem aprikosenfarbenen Licht gewärmt … das Silber bringt Klarheit … Platin erweitert dein Bewusstsein … die Lichtspiralen fließen in alle Richtungen … abwärts … aufwärts … seitlich … vorwärts … rückwärts … reite auf einer Spirale … begib dich in den Wirbel … wähle dabei deine eigene Geschwindigkeit … fühle dich energiegeladen, voller Kraft und Vitalität … spüre die sanfte Stärke des Wirbels … bewege dich von der Weite des Trichters bis in die Spitze hinein … streck deine Hände aus … berühre den harten, kühlen und beruhigenden Granit … schau zu deinen Füßen und sieh, dass du auf einem sechszackigen Granitstern stehst … du bist von einer Aprikosenwolke umgeben … durch die silbernes Licht schießt … in deiner Hand hältst du einen kleinen sechszackigen Platinstern … der Aprikosennebel um dich herum verändert sich … er nimmt seidige Qualität an … der Granitstern unter dir wird zum Boden eines seidenen Zeltes … ein heller scharfer Silberstrahl trifft die Mitte deines Platinsterns … der Stern bricht das Licht in alle Richtungen und lenkt es auch in dich hinein … dein ganzes Wesen erhält neue Vitalität und Kraft … du erkennst, dass du Teil eines riesigen Universums jenseits aller Vorstellungen bist … eines Universums, das seine Lebenskraft von einem göttlichen Ort der Regeneration bezieht, wo alles möglich ist … das seidige Aprikosenzelt ist ein belebender Schoß, der dir Heilung, Vitalität und Macht verleiht … verweile so lange du möchtest … wenn du bereit bist, kehre sanft in das Bewusstsein deines Körpers zurück … spüre deine Füße in Kontakt mit dem Boden … ziehe einen Lichtumhang mit Haube um dich … nimm deine äußere Umgebung vollständig wahr.

Düfte

Verwende die Düfte, die am Anfang des Kapitels empfohlen wurden. In Kapitel 16 findest du weitere Anleitungen und Vorschläge zur Arbeit mit Düften.

Farben

Suche den Harawirbel in deinem Aurafeld auf und stärke die Verbindungen, die vom Sakral-, Solarplexus-, Leber- und Milzchakra zu ihm ausgehen. Visualisiere seine Farben und spüre, wie sie spiralförmig zu den verbundenen Chakren zurückfließen und sie energetisieren. Schließe die Blütenblätter, und stell dir das Lichtkreuz oder den Lichtstern in einem Lichtkreis über deinem Harachakra vor.

Affirmation

Denke nach oder meditiere über die Worte zu Beginn dieses Kapitels.

Kapitel 14

Das Zentrum bedingungsloser Liebe

Ort Innerhalb des normalen Herzchakras und in seiner Ausdehnung (s. Kapitel 6).
Stichworte Weisheit, bedingungslose Liebe, Selbstverwirklichung, Urteilsvermögen, Integrität
Farben Rosa, Amethyst, perlartiges Malve
Element Meerwasser
Beruhigende Düfte Orchidee, Kamille
Anregende Düfte Geranie, Basilikum
Kristalle und Edelsteine Amethyst, Sugilit, Lepidolith, Dolomit, Alexandrit
Gebet oder Affirmation
Wir öffnen uns der Segnung bedingungsloser Liebe. Wir akzeptieren, dass wir bedingungslos geliebt werden. Wir bitten darum, dass wir ohne Verlust unserer Integrität oder unseres weisen Urteilsvermögens bedingungslose Liebe geben können. Hilf uns, der Selbstzufriedenheit zu entwachsen.

EINFÜHRENDE BEMERKUNGEN

Es handelt sich eher um ein Zentrum als um ein Chakra. Sein Ort ist schwer zu beschreiben, aber mit Geduld und Übung kann er als eine Erweiterung des Herzchakras gefühlt oder wahrgenommen werden. Einige spirituelle Führer vertreten die Ansicht, dass bis vor kurzem das Herzchakra das »hohe Herz« gewesen ist – in Bezug auf unseren physischen Körper etwas fehlplatziert oder -entwickelt und in seiner Bewegungsfreiheit zu sehr eingeschränkt. Wenn wir das Zentrum für bedingungslose Liebe öffnen, werden diese Dinge zurechtgerückt, und neues Herzchakrapotenzial wird freigesetzt.

DIE STICHWORTE

Weisheit

Weisheit ist einer der beiden Archetypen für dieses Zentrum. Sie erwacht, sobald sich das Zentrum für bedingungslose Liebe öffnet. Diese besondere Qualität entsteht, wenn Kopf und Herz sich in Harmonie befinden, das Denken eine Verbindung mit Wärme und Mitgefühl eingeht und Emotion und Gefühl wiederum durch das Denken gemäßigt werden.

Bedingungslose Liebe

Dieses ist der zweite Archetyp, von dem das Zentrum auch seinen Namen bezieht. Es ist vermutlich weniger schwierig, bedingungslose Liebe zu geben als zu glauben, dass sie uns gegeben wird. Die schwierigste Aufgabe der Welt ist es, sich selbst zu lieben. Wir selbst sind unsere härtesten Kritiker und Richter.

Das Gebet bittet darum, dass wir nicht unser »weises Urteilsvermögen« verlieren, wenn wir bedingungslose Liebe geben. Wir müssen unsere eigenen Maßstäbe erkennen und zu ihnen stehen. Bedingungslose Liebe ist kein Freibrief, der alles erlaubt. Doch jedes noch so kleine Fünkchen echten Bemühens verdient liebevolle Anerkennung. Wir müssen in der Lage sein, uns und anderen zu sagen »Es kann besser werden, du hast nicht Unrecht. Dein Handeln oder dein Urteil mögen diesmal fragwürdig sein, aber versuch es noch einmal. Ich liebe dich genug, um dir dabei zu helfen.«

So wäre es zum Beispiel wertlos, Geldspenden für bessere Bedingungen in Gefängnissen zu sammeln, wenn man nicht gleichzeitig bereit wäre, Gefangenen als ebenbürtigen menschlichen Wesen zu begegnen in dem Wissen, dass sie es womöglich auf sich genommen haben, den menschlichen Schatten für sich selbst und für andere zu repräsentieren. Diese Qualität bedingungsloser Liebe entspringt weder einem Gefühl der Überlegenheit noch extremer Distanz.

Selbstverwirklichung

Der Begriff Selbstverwirklichung wird von dem Psychologen Maslow zur Beschreibung des Augenblicks oder der Lebensphase verwendet, in denen wir unser persönliches Potenzial erkennen und beschließen, es in konstruktives Handeln umzusetzen. Mit der Zeit führt Selbstverwirklichung zu

Selbstdarstellung, die der bewussten, effektiven Nutzung aller kreativen Fähigkeiten und Visionen gleichkommt.

Urteilsvermögen

Gemeint ist die positive Fähigkeit, für die eigene Person entscheiden zu können, was wahr und gut ist, ohne jene zu verurteilen, die anders denken oder handeln. Das Stichwort »Urteilsvermögen« ist an das der Integrität geknüpft.

Integrität

Wörterbücher definieren dieses Stichwort für uns ausreichend: Vollständigkeit, Ganzheit, Vernünftigkeit, Aufrichtigkeit, Ehrenhaftigkeit.

DIE FARBEN

Das Rosa ist ein zartes und doch körperliches Rosa. Amethyst ist die Farbe, die man in jenen eher bleichen Steinen gleichen Namens findet. Perlartiges Malve ist ebenfalls licht und mit einem Perlschimmer versehen. Auch Lepidolithkristalle schimmern in dieser Farbe.

Spirituelle Führer sprechen von einer ganzen Farbpalette, die jenseits unserer Wahrnehmung liegt. Wenn Gildas das Wort »perlartig« verwendet, beschreibt er eine Schattierung, die im Grenzbereich von kaum noch Sichtbarem und gerade erst Wahrnehmbarem liegt.

DAS ELEMENT

Das Meer gilt im Allgemeinen als weibliches Symbol. Im Französischen ist das Wort *la mer* fast identisch mit »Mutter«, nämlich *la mère*. Es steht auch für das kollektive Unbewusste.

Meerwasser ist salzig und den Gezeiten unterworfen – ein rezeptives, fließendes und mächtiges Element, dessen verborgene Tiefen vor Leben strotzen. Der Rhythmus der Gezeiten wird vom Mond regiert. Wenn das Wasser zurückweicht, zieht es Dinge in die Tiefe hinab, während hohe Flut Treibgut und andere Schätze heraufspült. Ebbe und Flut bewegen die Steine am Strand und verändern ihre Form. Unerwartete innere Farben oder Beschaffenheit treten dadurch ans Licht.

Bedingungslose Liebe ist wie die Umarmung eines durch und durch annehmenden Elternteils, der dennoch nicht alles in Schutz nimmt, der dem Rhythmus der Evolution genug Raum lässt, damit das wahre Selbst zum Vorschein kommt.

DIE DÜFTE

Das Zentrum der bedingungslosen Liebe bedarf der Beruhigung bei Menschen, die zu sehr um ihr Selbstbild besorgt sind und sich von anderen nicht akzeptiert fühlen. Beruhigung dient auch jenen, die sich mit der »Unmenschlichkeit des Menschen gegenüber dem Menschen« zu stark identifizieren oder sich davon überrollt fühlen.

Die anregenden Düfte sind vor allem für jene Menschen hilfreich, die das Leben als sinnlos, seicht oder gesellige Runde betrachten.

DIE KRISTALLE UND EDELSTEINE

Informationen zur Arbeit mit Kristallen und Edelsteinen sind in Kapitel 16 zu finden.

- *Amethyst* Die für das Zentrum der bedingungslosen Liebe gewählten Steine sollten blass oder leicht gräulich sein. Sie erwecken das Zentrum, während sie es zugleich stärken und schützen.
- *Sugulit* kommt verhältnismäßig selten vor. Er verhilft zu Selbstannahme und unterstützt die Entwicklung bedingungsloser Liebe sich selbst und anderen gegenüber.
- *Lepidolith* ist eine Art Glimmer. Er begünstigt Vergebung und Loslassen, die oft zur Entwicklung von bedingungsloser Liebe nötig sind.
- *Dolomit* stärkt das Zentrum für bedingungslose Liebe und erleichtert das Wachstum von Integrität.
- *Alexandrit* hilft bei der Entwicklung weisen Urteilsvermögens.

DIE ARBEIT MIT DEM ZENTRUM DER BEDINGUNGSLOSEN LIEBE

Geführte visuelle Meditation

Platziere deinen Körper bequem, im Gleichgewicht und symmetrisch ... folge dem Rhythmus deines Atems ... mit diesem Rhythmus lenkst du deine Aufmerksamkeit in dein Herzchakra ... stell dir vor, wie sich die Chakrablütenblätter bei jedem Ein- und Ausatmen rhythmisch öffnen ... begebe dich in deinen inneren Raum und stell dir vor, dass du in eine große, köstlich duftende rosa Rose blickst ... schau dir die Oberfläche der Blütenblätter an ... jedes ist mit einem zarten Hauch Grün betupft ... der Mittelpunkt der Blüte ist pures Gold ... die Rose wird so groß, dass du hineingehen kannst ... das Gold in ihrer Mitte wird zu einer Pforte, die du durchschreiten kannst ... du betrittst einen Garten voller malven- und rosafarbener Rosen ... er ist säuberlich angelegt mit grasbewachsenen Wegen und hölzernen Bänken unter Kletterrosen ... erkunde den Garten und lass dich eine Weile nieder ... du entdeckst einen Weg und du beschließt ihm zu folgen ... dabei gelangst du zu einigen Felsen, die in einem perlenähnlichen Licht schimmern ... vor dir befindet sich ein felsiger Bogen, an dem eine engelgleiche Gestalt steht ... du spürst, dass du willkommen bist und dieser Wächter dich beschützt, wenn du einen besonders heiligen Ort betrittst ... du erkennst jetzt einen Amethysttempel ... die Tür öffnet sich und du gehst hinein ... um dich herum sind Amethystkristalle ... die Atmosphäre ist warm und einladend ... du findest einen Platz, an dem du dich bequem niederlassen kannst, und ein Gefühl großen Friedens und Wohlbehagens hüllt dich ein ... du fühlst dich äußerst verletzlich und doch sicher ... du weißt, dass du ganz und gar angenommen bist und bedingungslos geliebt wirst ... sonne dich eine Weile in diesem Wissen ... wenn du bereit bist, geh den Weg wieder zurück ... am Hüter des Bogens vorbei durch die goldene Eingangspforte ... spüre wieder den eigenen Atem in deinem Herzchakra ... lass die Blütenblätter dieses Zentrums sich zusammenfalten und setze ein Lichtkreuz oder einen Lichtstern in einem Lichtkreis als Segen darüber ... fühle den Kontakt deiner Füße auf dem Boden ... und begib dich allmählich in deine normale Umgebung.

Düfte

Verwende die Düfte dieses Chakras, um es zu aktivieren, zu beruhigen oder auszugleichen. In Kapitel 3 findest du weitere Anleitungen und Vorschläge zur Arbeit mit Düften.

Farben

Finde Gegenstände in den am Anfang des Kapitels angegebenen Farbschattierungen. Glas oder Kristall eignen sich besonders gut, da sie über die durchscheinende Farbqualität verfügen.

Das Konzept bedingungsloser Liebe

Denke über Folgendes nach. Welche Menschen in deinem Leben haben dir bedingungslose Liebe und Annahme gewährt? Fällt es dir leicht, anderen diese Qualität zu geben? Ist es leicht oder schwierig für dich, bedingungslose Liebe anzunehmen und ihr zu vertrauen? Suche ein Symbol oder ein Bild für bedingungslose Liebe.

Affirmation

Denke nach oder meditiere über die Worte vom Anfang des Kapitels.

Kapitel 15

Das Chakra des dritten Auges

Ort Ein Chakrawirbel, der etwas oberhalb des Stirnchakras liegt.
Stichworte Schönheit, Gerechtigkeit, weiser Schutz, Transformation
Farben Silberblau, Indigo, Magenta
Element spirituelles Feuer
Beruhigende Düfte Gartennelke, Mohn
Anregende Düfte Jasmin, Salbei
Kristalle und Edelsteine optischer Kalzit, Elestialkristalle, Herkimer Diamant, Fluorit Doppelpyramiden
Gebet und Affirmation
Wir verschreiben uns der Vision. Dabei wird deutlich, dass der Blick in die Vergangenheit unsere Sicht der Gegenwart stärkt und dass die Sicht der Gegenwart die Vision der Zukunft ermöglicht. Im Dienste jener Vision bitten wir um die Gaben von Schönheit und Gerechtigkeit, so dass die Strukturen unserer Sicherheit flexibel und erneuerbar werden. Während wir die Abfälle unserer Lebenserfahrung zu Gold machen, lass uns den Abfall selbst nicht verachten.

EINFÜHRENDE WORTE

Manchmal wird das Stirnchakra irrtümlich »das dritte Auge« genannt. Es handelt sich jedoch um zwei verschiedene Zentren (s. Kapitel 8). Wie das Harachakra ist auch das dritte Auge ein Wirbel im Energiefeld. Seine Energiestruktur muss bewusst gestärkt werden, damit er funktionstüchtig wird. Eine Übung, die das vollbringt, wird in diesem Kapitel noch beschrieben.

Vom dritten Auge spricht man häufig in ehrfurchtsvollem Ton. Menschen, die auf der Suche nach ihrem spirituellen Weg sind, setzen sich zum wichtigsten Ziel, »die Öffnung des dritten Auges zu erlernen«. Diesem Schritt haftet etwas Verwirrendes und Magisches an. Man hat mich sogar gebeten, eine sofortige Öffnung des dritten Auges vorzuführen – vermutlich durch irgendeinen geheimen Zaubertrick, Psychochirurgie oder Mediation!

Die Erwartungen scheinen vielerlei zu beinhalten: den Wunsch, vergangene Leben und zukünftige Ereignisse sehen zu können; mit Leichtigkeit zwischen verschiedenen Bewusstseinsebenen zu wechseln; Astralreisen zu unternehmen; Krankheiten zu diagnostizieren und zu heilen; Auren und Chakren wahrzunehmen; Naturgeister und Engel zu sehen; unmittelbaren Zugang zu spiritueller Führung zu haben. Viele dieser Fähigkeiten basieren auf dem Solarplexus und gehören ursprünglich eher zum psychischen als zum spirituellen Bereich.

In der Tat bedeutet ein offenes drittes Auge, dass man das Leben aus einer klaren spirituellen Perspektive sieht, dass man in einer verwirrenden, sich verändernden Welt Hoffnung, Glauben und Gleichgewicht behält, dass man sich selbst als verantwortlichen spirituellen Führer begreift und auch in der Lage ist, die innere Stärke für eine solche Aufgabe zu entwickeln, dass man die inneren Qualitäten anderer Menschen wahrnimmt, ohne sie zu verurteilen, und ihnen bedingungslose Liebe schenkt. Wer diese inneren Einstellungen erreicht, wird feststellen, dass die oben erwähnten Begabungen ganz von selbst erwachen.

Ein offenes drittes Auge ist der Lohn für unablässigen Eifer auf dem Weg zur spirituellen Entwicklung. Ohne die dazu notwendige psychische Reife und eine starke Ichstruktur kann es zu einem gefährlichen Unternehmen werden. Es ist deshalb nicht ratsam, die in diesem Kapitel angegebenen Übungen durchzuführen, wenn man nicht bereits mit der Reise durch die übrigen Chakren fortgeschritten ist.

DIE STICHWORTE

Schönheit

Schönheit ist der erste Archetyp für dieses Chakra. Schönheitsbegriffe sind in allen Kulturen von großer Bedeutung. Experimente haben gezeigt, dass die Adjektive »schön« oder »harmonisch« vorzugsweise der Architektur sowie den Abbildungen und Naturphänomenen zugeschrieben werden, die den goldenen Schnitt enthalten. Die natürlichen Formen basieren auf Proportionen, denen man »heilige Geometrie« zuschreibt. Das dritte Auge ermöglicht die Wahrnehmung echter Schönheit und hilft die vom Menschen erschaffenen Strukturen mit der Natur in Einklang und Gleichgewicht zu halten.

Gerechtigkeit

Gerechtigkeit ist der zweite Archetyp dieses Zentrums. Jede menschliche Gemeinschaft muss ein Rechtssystem begründen. Führungspersönlichkeiten, die ein entwickeltes drittes Auge haben, setzen weise Grenzen und errichten ein durch Mitgefühl gemildertes Gesetzessystem.

Weiser Schutz

Eine Eigenschaft der Spiritualität und Reife. Wenn das dritte Auge funktionsfähig ist, werden ein harmonisches Leben und der weise Schutz aller Ressourcen selbstverständlich. Wo dieses Prinzip regiert, hat Begierde keinen Platz.

Transformation

Transformation bedeutet »Formwechsel« und impliziert, dass die endgültige Form das Potenzial freisetzt, welches schon in der ursprünglichen enthalten war. So verpuppt sich die Raupe zu einem Schmetterling und eine Eichel wird zu einem mächtigen Eichbaum. Das dritte Auge verleiht die Fähigkeit, uns mit der Entelechie zu verbinden, dem Wissen, dass ein kleines Saatkorn einen Abdruck des gesamten Potenzials enthält – die Saat wird werden.

DIE FARBEN

Silberblau hat eine metallische Qualität. Es ist die Farbe, die man im Chalkopyrit des Pfauenerzes findet. Indigo wurde schon im Zusammenhang mit dem Stirnchakra erwähnt. Magenta ist ein rötliches Violett. Obwohl Violett gewöhnlich als die Farbe mit der höchsten Schwingungsfrequenz bezeichnet wird, weisen einige Schattierungen von Magenta eine noch höhere Frequenz auf. Daher gehört es möglicherweise zu einer höheren Oktave, die sich erst allmählich unserer Wahrnehmung erschließt.

Diese Farben strömen vom dritten Auge in das Aurafeld. Sie zu visualisieren wird das Chakra des dritten Auges nähren und erwecken.

DAS ELEMENT

Das spirituelle Feuer unterscheidet sich grundsätzlich von dem Element Feuer. Es verleiht eine Seinsqualität, die voller Idealismus und Lebensfreude ist.

In unserer inneren Wirklichkeit ist das spirituelle Feuer die Flamme, die reinigt und läutert, ohne zu verzehren.

DIE DÜFTE

Die beruhigenden Düfte sollten von Menschen verwendet werden, die zu sehr bestrebt sind, bestimmte Fähigkeiten zu erwerben oder bei denen die psychische Entwicklung beschleunigt war.

Die anregenden Öle sind mit Vorsicht und vor allem in einem Rahmen einzusetzen, der dem gesamten System Aufmerksamkeit schenkt.

Ein ausgleichender Duft kann aus der Mischung der am Anfang des Kapitels angegebenen Düfte hergestellt werden.

DIE KRISTALLE UND EDELSTEINE

Informationen zur Arbeit mit Kristallen und Edelsteinen sind in Kapitel 16 zu finden.

- *Optischer Kalzit* ist ein klarer Kalzit in rhomboedrischer Form. Er bricht das Licht in den Spektralfarben. Seinem Namen getreu verhilft er zu gutem Sehvermögen und zu visionärem Sehen auf spiritueller Ebene.
- *Elestialkristalle* gehören zu den jüngeren Entdeckungen. Äußerlich gleichen sie dem Rauchquarz, aber ihre Form ist quadratisch und flach. Sie bilden dichte Gruppen und enthalten oft Wassereinschlüsse. Es sind Kristalle, die uns inspirieren und ermutigen, nach unserem höchsten Potenzial zu streben.
- *Herkimer Diamant* ist ein Mitglied der Quarzfamilie. Es handelt sich um kleine diamantförmige Kristalle. Sie sind klar, als hätte man sie poliert und geschliffen. Ihr einziger Fundort liegt in Herkimer County im Staat New York. Dort wachsen sie in flüssiger Lösung. Sie erweitern alle spirituellen Qualitäten, verleihen Vitalität und Freude.
- *Fluorit Doppelpyramiden* sind ebenfalls diamantförmig. Sie unterstützen die Entwicklung spirituellen Bewusstseins und tragen dazu bei, spirituelle Ideen

zu materialisieren. Sie kommen in verschiedenen Schattierungen vor, hauptsächlich in Weiß, Purpur, Malve und Grün. Weiß oder Purpur sind am ehesten für das dritte Auge geeignet.

ANLEITUNGEN ZUR ENTWICKLUNG DES DRITTEN AUGES

Die feinstoffliche Struktur formen

Stelle sicher, dass du ungestört sein wirst … nimm eine bequeme Körperhaltung ein … achte auf Gleichgewicht und Symmetrie … folge dem Rhythmus deines Atems … spüre deine Aura als eine Energie, die unmittelbar an deinen physischen Körper anschließt … konzentriere dich auf den Bereich, wo dein Stirnchakra in dieses Feld mündet … suche etwas oberhalb davon einen Punkt intensiverer Energie (wenn du ein Heiler bist oder über ein von Natur aus entwickeltes drittes Auge verfügst, spürst du vielleicht einen sich bewegenden Energiewirbel.) … fühle die Farben Silberblau … Indigo … und Magenta … visualisiere jetzt eine Energielinie, die von diesem Aurabereich durch dein Stirnchakra zieht, um sich von dort mit der Zirbeldrüse zu verbinden … atme entlang dieser Linie und stelle sie dir als klares starkes Licht vor … visualisiere eine weitere Energielinie, die vom dritten Auge hinauf zum Kronenchakra verläuft … atme Kraft hinein … eine weitere Energielinie führt von den Blütenblättern des Alter major in dessen Stiel, während eine vierte Linie zum Kehlchakra zieht … visualisiere eine Energielinie nach der anderen und arbeite daran, sie zu stärken … konzentriere deine Aufmerksamkeit wieder auf das dritte Auge und prüfe, ob der Wirbel jetzt klarer, stärker oder bewegungsintensiver ist … erde deine Füße und wende die Aufmerksamkeit deiner Umgebung zu … stell dir vor, dass dich ein weißer Lichtmantel mit Haube umhüllt. Verbringe nicht mehr als 15 Minuten täglich mit dieser Übung.

Geführte visuelle Meditation

Gehe sicher, daß du ungestört sein wirst und nimm eine bequeme symmetrische Haltung ein, die sich im Gleichgewicht befindet … folge deinem Atem und konzentriere deine Aufmerksamkeit auf das Chakra deines dritten Auges … sei dir der Lichtstränge bewusst, die diesen Wirbel mit dem Stirnchakra, der Zirbeldrüse, dem Kronen-, Alter-major- und Kehlchakra verbinden ... fühle, wie sich der Wirbel des dritten Auges stärker bewegt, während du ihn erkundest und seine Verbindungsstränge stärkst und dich zu einer inneren Reise bereitmachst ... du begibst dich in den Wirbel des dritten Auges ... wirst zu seinem Mittelpunkt gezogen, wo du von den Farben Silberblau, Indigo und Magenta umgeben bist ... das Zentrum des Wirbels gleicht einem Brunnen aus hellem Indigolicht ... du schaust in eine strahlendhelle Welt ... dann trittst du ein ... das Licht ist sehr klar und du blickst weit in eine schöne Landschaft ... während du in diesem besonderen Licht wandelst, sinnst du über Schönheit, Gerechtigkeit, weisen Schutz und Transformation nach ... du gelangst zu einer Wiese mit wunderbaren Blumen ... sie sind anders als alle, die du je zuvor gesehen oder erträumt hast ... manche leuchten silberblau, andere sind indigo-, magenta- und goldfarben ... du pflückst eine Blume von jeder Farbe ... in der silberblauen Blume liegt ein Symbol für Schönheit ... in der indigofarbenen ein Symbol für Gerechtigkeit ... in der magentafarbenen ein Symbol für weisen Schutz und in der goldenen Blume ein Symbol für Transformation ... du kannst über diese Symbole verfügen, wie du möchtest ... entscheide, wo du sie platzieren wirst ... und trage sie dann als Zeichen deiner inneren Verbindung zu neuer, unverstellter Sicht und spiritueller Bewusstheit ... während du dem letzten Symbol seinen Platz zuweist, merkst du, dass es Zeit ist zurückzukehren ... es zieht dich zurück durch die Pupille des Indigoauges ... in den Energiewirbel ... in deinen physischen Körper ... zurück zur Wahrnehmung deines Atems und deiner alltäglichen Umgebung ... umhülle dich mit weißem Licht, spüre deine Füße auf dem Boden und kehre in die Außenwelt zurück.

Düfte

Verwende die Düfte, die am Anfang des Kapitels empfohlen wurden. Anleitungen und Vorschläge zur Anwendung der Düfte finden sich in Kapitel 16.

Affirmation

Meditiere und denke über die Worte am Anfang des Kapitels nach.

Kapitel 16

Antworten auf häufige Fragen

Wie kannst du ein Chakra spüren?

Mit Übung und Ausdauer entwickelt sich diese Fähigkeit ziemlich schnell. Bevor du ein besonderes Chakra zu spüren beginnst, mache dich mit den Übungen für die Mittelsäule im ersten Kapitel vertraut.

Konzentriere dich jeweils nur auf ein Chakra, lies die Lagebeschreibung zu Beginn des jeweiligen Kapitels, und studiere die Abbildung im ersten Kapitel. Entspanne dich, und lenke deine Aufmerksamkeit auf den entsprechenden Bereich deines Körpers. Stell dir unsichtbare Blütenblätter vor, die in dein Energiefeld reichen. Erkenne, dass die Chakraenergie sich mit dem physischen Körper wechselseitig durchdringt und über die Mittelsäule in das Energiefeld am Rücken mündet. Die Fließrichtung verläuft immer von den Blütenblättern zum Stiel und darüber hinaus. Nur im Fall des Alter-major-Chakras ist die Richtung umgekehrt.

Reibe deine Hände und halte sie behutsam über die Blütenblätter des Chakras, das du spüren möchtest. Nutze deinen Atem, um deine Aufmerksamkeit in den entsprechenden Bereich zu lenken. Denke über die folgenden Wörter nach: lebendig, schlafend, wach, hell, geschlossen, kalt, beweglich, taub, offen, hyperaktiv, blass, pulsierend, zart, fest, prickelnd, drehend, träge, warm.

Verknüpfe eins oder mehrere dieser Wörter beziehungsweise eine assoziierte Gefühlsqualität mit dem Chakra, an dem du arbeitest. Schreibe deine Eindrücke nieder.

Nimm einige Buntstifte zur Hand. Vergewissere dich noch einmal der Energien in deinem Chakra, folge deiner Intuition und stelle sie farbig dar. Es wird deine Intuition stärker aktivieren, wenn du die Buntstifte mit der linken Hand auswählst. Nach einer Weile wirst du feststellen, dass es dir ganz leicht fällt, die Energien und Farben in deinen Chakren zu spüren. Du wirst ihren Veränderungen gegenüber empfindsam werden und mehr Selbstvertrauen bei der in Kapitel 3 beschriebenen Übung des Farbenfütterns entwickeln. Sofern ein Freund oder Partner Interesse hat, mit dir zu arbeiten, übt eure Chakren gegenseitig zu spüren.

Die Besprechung der Ergebnisse wird euch einen festeren Bezugsrahmen vermitteln. Versucht die ersten, unmittelbaren Eindrücke wahrzunehmen und auf voreiliges Interpretieren oder Analysieren eurer Entdeckungen zu verzichten.

Ich traue meinen eigenen Entdeckungen nicht. Wie kann ich sicher sein, dass ich nicht alles erfinde oder es mir nur vorstelle?

Viele Menschen verspüren Unbehagen angesichts der Rolle, die ihr Geist oder ihre Vorstellungskraft bei der Wahrnehmung des Feinstofflichen spielt. Wir glauben meist, dass nur äußere, greifbare Dinge real sind. Man hat uns gelehrt, zwischen Vorstellung und Wirklichkeit zu unterscheiden. Deshalb können wir nicht ohne weiteres anerkennen, dass jedes einzelne Gebiet der Psyche seine eigene Wirklichkeit hat.

Wenn du feinstoffliche Bereiche erforschst und dir dabei etwas »in den Sinn« kommt, ist es wahrscheinlich eher wahr als unwahr. Warum sollte dir zu dieser besonderen Zeit aus einer Fülle von Möglichkeiten ausgerechnet dieser besondere Gedanke kommen? Weil er aller Wahrscheinlichkeit nach der derzeitigen Situation angemessen ist.

Die Fantasie ist kreativ und spielerisch, doch wenn man in Kontakt mit seiner inneren Wirklichkeit steht, das Wahre und Dauerhafte unterliegt nicht leicht der Veränderung. Man sollte dem trauen, was Bestand hat.

Wie kann ich meine Fähigkeit zu visualisieren entwickeln?

Prüfe, ob du deine Fähigkeit zu visualisieren durch Überlegungen blockierst, zu denen ich bei der vorigen Frage Stellung genommen habe.

Wir alle sind in unserem Leben viel visueller, als allgemein angenommen wird. Wenn man gewohnheitsmäßig ein bestimmtes Waschpulver kauft, ist es wenig wahrscheinlich, dass man es im Regal des Supermarkts wiedererkennt, nur weil man die Aufschrift auf dem Paket gelesen hat. Man trägt ein Bild davon in sich, wie es auszusehen hat, und kann es auf diese Weise schnell unter allen anderen herausfinden. Das ist eine Form der Visualisierung, die nur

dann in Verwirrung gerät, wenn der Hersteller die Verpackung, insbesondere deren Farben, verändert.
Visualisierung ist eine Kombination von Vorstellungskraft und innerem Spüren. Die innere Sicht folgt nicht denselben Gesetzen wie die äußere. An etwas denken, etwas empfinden oder vage ahnen – all das spielt dabei eine Rolle. Denke nicht von vornherein, dass du keine Begabung zur Visualisierung hast. Finde und achte den Weg, der dich tatsächlich zu innerem Wissen führt. Ein wenig Selbstachtung wirkt oft Wunder auf dem Weg zu feinentwickelten Fähigkeiten.

Rechtshirnenthusiasten tendieren als Reaktion auf die gesellschaftliche Überbetonung von Intellekt und Logik dazu, »denken« als Schimpfwort zu benutzen. Für unser inneres Gleichgewicht brauchen wir einen Zugang zu all unseren Fähigkeiten. Deine starken Seiten zu achten wird dir kreative Wege erschließen, die schwächeren zu entwickeln. Weitere Informationen über die rechte und linke Hirnhälfte findest du im Glossar.

Wenn dir Visualisierung schwer fällt, kann dich vielleicht einer deiner anderen Sinne zu deinen inneren Welten führen. Kannst du mit Riechen, Fühlen, Hören oder Schmecken ein Bild hervorlocken? Versuche spontan zu zeichnen oder zu schreiben ohne das Gefühl, du müsstest erst einen anderen Bewusstseinszustand erreichen, um Resultate erbringen zu können.

Kannst du dich ausführlicher zu den Chakrapolen äußern?
Die Chakren haben – wie ein elektrischer Stromkreis – einen positiven und einen negativen Pol. Darüber hinaus könnte man sagen, dass sie eine Erdung an der Stelle haben, wo sie in die Mittelsäule münden. Alle Chakren außer dem Alter major, dem dritten Auge, dem Zentrum bedingungsloser Liebe und dem Hara haben ihren positiven Pol in den Blütenblättern und den negativen im Stiel. Beim Alter major ist die Polarität umgekehrt, während die übrigen drei erwähnten Chakren eine völlig andere Form aufweisen. Die negativen Pole des Kronen- und Wurzelchakras befinden sich, wie auch ihre Stiele, am jeweiligen Ende der Mittelsäule.

Der Energiefluss eines Chakras verläuft vom positiven zum negativen Pol – nach innen durch die Blütenblätter und wieder nach außen durch den Stiel mit Ausnahme des Alter majors, bei dem Energie durch den Stiel hereinkommt und aus den Blütenblättern austritt. Ein gesunder Richtungsfluss ist wesentlich für ein gesundes Chakra.

Die meisten Heiler stellen fest, dass sie einen positiven Energiefluss in der rechten Hand haben und einen negativen in der linken. Das macht die rechte Hand zur richtungsweisenden und die linke zur rezeptiven. Deshalb halten Heiler beim Harmonisieren und Heilen der Chakren oft die rechte Hand über die Blütenblätter und die linke über den Stiel, channeln Licht und Energie in den positiven Pol und entziehen dem Stiel mit der linken Hand alle »Abfallprodukte«. Für das Alter major gilt immer die umgekehrte Richtung. Die positive oder negative Polarität an den Händen ist während der Heilung unabhängig von Rechts- oder Linkshändigkeit.

Ich möchte gern mehr über die Bedeutung der Farben erfahren.

Das Verständnis der Chakren und ihrer Stichworte bietet einen tieferen Einblick in die Bedeutung von Farbe. Jedes Chakra bringt eine besondere Farbe hervor, die dann unser Energiefeld speist. Ohne ein vollständiges Farbspektrum sind wir nicht ganz gesund. Zu intensive Farben weisen häufig auf emotionalen Aufruhr oder Unausgeglichenheit hin. Schwache oder blasse Farben zeugen von Erschöpfung und physischer Krankheit. Es unterstützt den Genesungsprozess, die Farben durch Visualisierung oder spirituelle Heilung auszugleichen.

Jedes Chakra bringt eine spezifische Farbe hervor, hat aber zugleich sein eigenes inneres Spektrum. Jede Farbe kann in jedem Chakra vorhanden sein. Die Farbverteilung liefert weitere Informationen zu unserem Befinden oder unserem Potenzial.

Um es kurz zusammenzufassen: Rot ist die Farbe des Wurzelchakras und bezeichnet die Fähigkeit, sich mit der Inkarnation zu verbinden. »Rote Energie« wird häufig als sexuell eingestuft, doch die Bezeichnung sinnlich ist zutreffender. Wegen seiner Intensität sollte Rot nur sparsam Verwendung finden. Zur Heilung und Visualisierung wird es gewöhnlich zu einem dunklen Rosarot abgewandelt.

Wenn Rot in anderen Chakren zu sehen ist, richtet sich die Energie des jeweiligen Chakras leicht auf die physische Welt und die Belange der Inkarnation. Jemand mit Rot im Herzchakra wird sich wahrscheinlich barmherzig gegenüber Mittellosen verhalten.

Orange wird vom Sakralchakra hervorgebracht und steht für Vitalität, Kreativität, Sexualität und Macht. In einem anderen Chakra erweitert diese Farbe die Qualitäten oder mischt sich mit denen des jeweiligen Chakras. Bei erfolgreichen Athleten findet man gewöhnlich Orange im Solarplexus- und/oder Kehlchakra.

Der Solarplexus liefert uns Gelb, die Farbe des Vertrauens, der Konzentration und der geistigen Fähigkeit. Gelb im Herzchakra weist auf einen Menschen, der von seinen Gefühlen abgetrennt ist, aber dennoch häufig Opfer seiner Emotionen wird. Im Kehlchakra befähigt die Farbe, Informationen zu beschaffen und sie auf verständliche Weise zu verbreiten. Normalerweise ist Gelb am Kehlchakra von Mathematikern zu finden.

Grün ist die Farbe des Herzens und steht für Mitgefühl, Weisheit, Losgelöstheit und Zartheit. Im Sakral- und/oder Kehlchakra würde es Dichter, Künstler, Seher oder Schriftsteller mit einer Botschaft an die Gesellschaft bezeichnen. Bei Lehrern und Sozialarbeitern ist oft Grün im Solarplexus vertreten.

Blau, das vom Kehlchakra ausgeht, ist die Farbe der Kommunikation, des Ausdrucks, der Zielsetzung und der Heilung. Die Kehle hat eine natürliche Verbindung zum Sakralchakra, wo Blau oder Indigo auf einen Heiler oder Geistlichen hindeuten.

Indigo geht vom Stirnchakra aus. Es ist die Farbe des Geistes und des Strebens nach Höherem. Wenn Indigo in anderen Zentren erscheint, beansprucht es die Energie des jeweiligen Chakras, um es einem höheren Dienst zu weihen. Mönche und Nonnen, die sich zu kontemplativen Orden hingezogen fühlen, haben viel Indigo im Wurzel-, Sakral- und Solarplexuschakra. Bei Menschen, denen es schwer fällt, Spiritualität und Sexualität zu versöhnen, wird man eine Tendenz zu Indigo im Sakralchakra finden.

Violett und Gold, die vom Kronenchakra ausgesandt werden, sind Farben der Seele. In anderen Chakren weisen sie darauf hin, dass der Mensch sich des Schicksals entweder bewusst ist oder dieses Bewusstsein entwickeln muss. Bei bedeutenden Führern und wahren Herrschern sind diese Farben im Kehl-, Solarplexus- und Herzchakra vorhanden.

Offensichtlich ist Farbe ein sehr vielschichtiges Thema. Diese zusätzliche Information sollte dir bei zunehmender Sensibilisierung helfen, deine Chakren besser zu verstehen.

Kannst du mehr über die Verwendung der Kristalle sagen?
Die Beschreibungen der Kristalle in jedem Chakrakapitel erläutern, welche Eigenschaften die verschiedenen Arten entwickeln, fördern oder erweitern.

Kristalle sind über Händler leicht erhältlich. Die Texte in diesem Buch können als Entscheidungshilfe dienen, welche Steine du erwerben möchtest. Vertraue deiner Intuition, welcher Kristall aus einer bestimmten Gruppe für dich der richtige ist.

Verwende etwas Zeit darauf, deinen Kristall kennen zu lernen. Schau ihn dir genau an, halte ihn in der Hand und bewundere ihn. Wenn du ihn für ernsthafte Arbeit einsetzen möchtest, lege ihn drei Tage vor Vollmond in Wasser, das etwas Meersalz enthält. Zu Schmuck verarbeitete Kristalle, synthetische Kristalle oder Kristalle, die sich weich oder blättrig anfühlen wie z. B. Lepidolith, eignen sich dafür nicht. Sie können während dieser Zeit häufig unter fließendem Wasser gespült oder in eine große, vorher gereinigte Amethystdruse gelegt werden.

Lass den Kristall in der Vollmondnacht auf Seide oder weicher Baumwolle trocknen und lege ihn in den Garten oder auf das Fensterbrett. Mach dir keine Sorgen, wenn der Vollmond sich hinter Wolken verbirgt; der Kristall wird aufnehmen, was er braucht. Danach sollte er zwölf Stunden lang im Sonnenlicht aufgeladen werden. Das ist ebenso gut hinter Glas möglich, nur sollte das Licht möglichst direkt auf den Kristall scheinen, der regelmäßig zu wenden ist. Der Ladevorgang kann auch mit Unterbrechungen stattfinden, bis insgesamt zwölf Stunden Sonne absorbiert worden ist.

Weihe den Kristall in einer einfachen Zeremonie seiner Bestimmung. Entzünde eine Kerze, halte den Stein eine Weile in der hohlen Hand und bitte ihn dann, dir bei deiner Entwicklung oder deiner Heilung zu helfen.

Wenn der Kristall gereinigt und geweiht ist, spielt es keine Rolle, ob du ihn in einem Raum aufbewahrst, ihn in einem besonderen Beutel um den Hals trägst oder ihn ans Bett oder unter dein Kopfkissen legst. Du kannst seine Energien bei Bedarf auch gezielter nutzen.

So wie du deine Kristalle bitten kannst, deine Träume und Meditationen zu bereichern oder dir zu helfen, eine bestimmte Eigenschaft zu entwickeln, so kannst du sie auch zur Heilung, Ladung, Reinigung und Entwicklung deiner Chakren verwenden.

Einige Kristalle kommen meist als Massen vor, ohne dass Einzelkristalle entstanden sind – Rosenquarz, Malachit, Karneol, Kalzit und Jaspis sind Beispiele dafür. Sofern sie nicht zu einem Zauberstab geschliffen und poliert wurden, haben sie keine definierten Pole. Ihre Energie ist empfangend, beruhigend, weiblich und Yin. Man nennt sie oft massive Kristalle.

Andere Kristalle haben ein spitzes und facettenreiches Ende und eine gerundete, weniger ausgeprägte Seite – klarer Quarz, Amethyst, Zitrin und Celestit kommen meist in dieser Form vor, entweder einzeln oder in Gruppen. Bei diesen Kristallen ist die Spitze der positive Pol, richtungweisend, energetisierend, männlich und Yang, während die andere Seite negativ ist, empfangend, beruhigend, weiblich und Yin. Solche Kristalle, deren eines Ende definiert und facettiert ist, werden oft »terminierte Kristalle« genannt.

Massive Kristalle können für die allgemeine Heilung und Beruhigung der Chakren verwendet werden wie auch für die Entwicklung spezifischer Chakraeigenschaften, mit denen der Kristall verbunden ist. Halte den Stein einfach auf oder über die Chakrablütenblätter, entspanne dich und meditiere über die Hilfe, die der Kristall dir gewähren soll. Verbringe nicht länger als fünf Minuten bei jedem Chakra.

Die terminierten Kristalle können einzeln oder in Gruppen dazu verwendet werden, ein Chakra mit Energie zu laden. Reiner Quarz eignet sich wegen seiner Vielseitigkeit besonders gut dazu. Wenn du ein Chakra als geschwächt empfindest oder es in einer besonderen Lebenssituation vitalisieren möchtest (z.B. den Solarplexus in einer Stress- oder Prüfungssituation), halte das richtungweisende, facettierte Ende zwei oder drei Minuten lang über die Chakrablütenblätter, während du dich darauf konzentrierst, tief in das Chakra zu atmen. Halte beim ersten Mal nur die richtungweisende Spitze des Kristalls zwei bis drei Minuten lang über ein Chakra, um seine dynamische Wirkung auf dich so genau wie möglich einschätzen zu lernen.

Das rezeptive Ende eines terminierten Kristalls oder einer Kristallgruppe kann dazu dienen, ein Chakra nach der Meditation oder geführten Visualisierung wieder zu schließen, indem du es über die Chakrablütenblätter hältst, während du das Kreuz oder den Stern im Lichtkreis visualisierst.

In einem Chakra kannst du den Fluss von den Blütenblättern zum Stiel fördern, indem du die Spitze eines terminierten Kristalls beim Einatmen auf die Chakrablütenblätter richtest und dir vorstellst, durch den Stiel auszuatmen. Das hilft dem Chakra, sich zu reinigen und zu energetisieren. Einige Chakren, besonders das Sakral- und das Solarplexuschakra, profitieren von der Reinigung der Blütenblätter durch eine sanfte Schaufel- oder Löffelbewegung mit dem terminierten Ende eines Einzelkristalls oder einer Kristallgruppe.

Du kannst mit einem terminierten Kristall auch deine Aura »kämmen«. Einfacher ist es wahrscheinlich, wenn du das jemanden für dich tun lässt. Du beginnst oberhalb des Kopfes und führst mit der facettierten Spitze lange Striche bis zu den Füßen aus. Halte den Kristall in deutlichem Abstand von deinem Energiefeld, wenn du ihn aufwärts zum nächsten Strichansatz führst. Der Behandelte kann dabei sitzen oder liegen. Beim Liegen ist es notwendig, sich zu drehen, da das gesamte Aurafeld gründlich gekämmt werden sollte. Diese Technik ist hilfreich vor dem Schlafengehen nach emotionalen Stresssituationen oder auch nach einer Heilbehandlung.

Hier ist lediglich Raum, die verbreitetsten Kristallformen zu erwähnen. Falls du dein Wissen erweitern möchtest, gibt es einige lesenswerte Bücher über Kristalle, die in der Bibliografie aufgeführt sind.

Vergiss nicht, Kristalle, mit denen du arbeitest, häufig unter fließendem Wasser zu spülen. Wenn sie ruhen, liegen sie gern auf einem Seiden- oder Samttuch.

Ist Massage für Chakren hilfreich? Kannst du etwas über die verschiedenen Formen von Massage sagen?

Wenn Wurzelchakraarbeit indiziert ist, sollte Kontakt mit dem Körper aufgenommen werden. Zu diesem Zweck ist die schwedische Ganzkörpermassage empfehlenswert. Sie ist eine feste Massage, die die Muskeln stärkt und Toxine freisetzt. Für das Sakralchakra kann Lymphdrainage sehr nützlich sein.

Aromatherapie empfiehlt bestimmte Öle für das Bad oder die Umgebung und ist auch mit schwedischer Massage, Lymphdrainage, Reflexzonenmassage, intuitiver Massage oder ätherischer Massage zu verbinden.

Reflexologen arbeiten an den Füßen. Alle Chakren und Körperorgane haben entsprechende Energiepunkte an den Füßen. Die Bereiche des Fußes, die auf Druck oder bei Massage empfindlich oder schmerzhaft reagieren, ermöglichen es einem Reflexologen, Problembereiche im Körper zu diagnostizieren.

Massage oder Akupressur dieser Punkte regt die vitalen Systeme an und fördert Heilung.

Intuitive Masseure stimmen sich auf die Bedürfnisse ihrer Klienten ein und massieren den Körper dementsprechend mit festem oder leichtem Druck.

Die meisten Heiler wenden gelegentlich ätherische Massage an. Die zuvor beschriebene Übung des Aurakämmens mit einem Kristall stellt eine Form ätherischer Massage dar. Eine andere besteht darin, den Körper mit sehr leichter Berührung abzustreichen und dabei die Hände über jedem Chakra und jedem wichtigen Körperorgan stillzuhalten. Dieses Vorgehen stärkt die ätherische Schicht und trägt zu Gleichgewicht und Vitalität bei, die für die vollständige körperliche Heilung nötig sind.

Für die Chakren ist eine Massage mit kämmenden, löffelnden und streichenden Bewegungen durchaus förderlich, sei es mit leichter Körperberührung oder mit hauptsächlicher Konzentration auf das Aurafeld. Der positive Pol des Alter major profitiert von sanfter kreisförmiger Massage und Strichen mit den Fingerkuppen. Bei anderen Chakren sollte man kreisende Bewegungen über den Blütenblättern vermeiden und auch keine Kristalle und Pendel über ihnen schwingen. Sie haben ihren eigenen Rhythmus und Pulsieren die durch kreisende Bewegung eher gestört als gefördert werden.

Könntest du mehr über Chakrapaare sagen und inwiefern es sinnvoll ist, mit einem einzelnen Chakra zu arbeiten?

Denke immer daran, dass die Chakren ein Team bilden. Wenn ein Mitglied des Teams aus dem Gleichgewicht ist, muss man mit diesem Mitglied individuell arbeiten. Allerdings könnte eine zu lange ausschließliche Beschäftigung mit einem Chakra neue Unausgewogenheiten im Team hervorrufen. Dieses Risiko lässt sich mindern, wenn man zugleich mit dem belasteten Chakra und dem Herz- oder Wurzelchakra arbeitet bzw. mit einem seiner natürlichen Gegenstücke. So gehen Herz und Krone mit dem Wurzelchakra zusammen, das Sakralchakra mit der Kehle, der Solarplexus mit Stirn- und Kronenchakra, das Alter major mit Wurzel-, Kronen- oder Sakralchakra, die Basis mit der Wurzel, das Hara mit dem Sakralchakra, das Zentrum bedingungsloser Liebe mit dem Herzchakra und das dritte Auge mit dem Stirnchakra. Man wird feststellen können, dass die Hauptchakrapaare den Komplementärfarben entsprechen: Wurzel/Rot und Herz/Grün, Sakral/Orange und Kehle/Blau, Solarplexus/Gelb und Stirn/Indigo bzw. Krone/Violett.

Jedes Chakra kann ebenso gut mit dem direkt unterhalb oder oberhalb gelegenen eine Paarung eingehen. Diese Arbeitsweise ist besonders hilfreich, wenn es um die Bearbeitung emotionaler Probleme geht.

Kapitel 17

Betrachtungen zu einigen Chakraenergien unserer Zeit

Wie der menschliche Körper, so besitzt auch der Körper der Erde Chakren. Es hat viele Spekulationen gegeben, wo die wichtigsten planetaren Chakren zu lokalisieren seien. Tatsächlich gibt es auf der Erde so viele miteinander verwobene Energiesysteme, dass jegliche Kartografie ihres Chakrensystems mit Schwierigkeiten verbunden wäre. Jedes Land, jede Region, sogar jede Stadt und jedes Dorf haben ihr eigenes vollständiges Chakrensystem. Die Arbeit an unseren eigenen Chakren vermittelt eine Idee von Gefühl und Funktion der Hauptzentren. Es kann vergnüglich und lehrreich sein, die Energien von Orten aufzuspüren.

Pilgerfahrten helfen den Lebensfluss zwischen den Chakren aufrechtzuerhalten. Heutzutage gibt es ein Wiederaufleben solcher Glaubensakte. Ein Chakrensystem, das sich relativ deutlich abzuzeichnen scheint, verläuft von Südfrankreich bis Nordschottland. Es zieht zahlreiche Pilger bewusst oder unbewusst an. Eine starke Wurzelchakraregion beginnt in Les Saintes Maries de la Mer in der Camargue. Hier sollen nach Jesu Kreuzigung Maria, die Mutter von Jesus, Maria, die Mutter des Heiligen St. Johannes und Maria Magdalena mit dem Boot gelandet sein. Sie wurden vom Heiligen St. Johannes und einer dunkelhäutigen Dienerin namens Sarah begleitet, deren Schrein sich in der Krypta der Kirche von Les Saintes Maries befindet. Sie wird von den meisten echten Zigeunern verehrt, die sich jedes Jahr dort versammeln.

Das Sakralchakra beginnt auf der Höhe von Clermont Ferrand und der Solarplexus liegt bei Chartres. Der Ärmelkanal zwischen Frankreich und England symbolisiert den Mangel an Kommunikation, der oft zwischen den unteren Chakren und dem Herzen besteht. London ist das Zentrum des Herzchakras, die Kehle ist in Yorkshire zu lokalisieren, wobei die Durham Kathedrale ein starkes Zentrum für die Kehlchakraenergie darstellt. Das Alter-major-Chakra nimmt Northumberland ein, das Zentrum des Stirnchakras ist Edinburgh, und die Krone befindet sich in Nordschottland und schließt die heilige Insel Iona mit ein.

Abgesehen von der Überlegung, wo die Chakren im Körper der Erde anzusiedeln sind, ist es interessant, den Reflex ihrer Energien und Entwicklungsstadien in der menschlichen Natur zu sehen – dem Körper der Menschheit.

Eine Fallbeschreibung der Menschheit in heutiger Zeit wird vermutlich als Erstes auf einen hyperaktiven Solarplexus hinweisen. Das Tempo, mit dem Veränderungen sich vollziehen, verunsichert jede Organisation, jede Rasse, jedes Land. Man könnte sagen, dass wir uns in einer Identitätskrise befinden. In Osteuropa geht ein Kampf um Territorien vor sich – dort wird wohl ein wichtiges Gebiet des Solarplexuschakras der Erde sein.

In solchen Zeiten ist das Solarplexuschakra nicht hinreichend mit dem Stirn- oder Kronenchakra verbunden. Die Kirche war von alters her Mittler für diese höheren Energien, doch sie ist für viele Menschen nicht mehr attraktiv und bietet keine Lösungen oder Trost in unseren Schwierigkeiten. Das Gleichgewicht der Macht liegt eher beim niederen als beim höheren Willen. Wir brauchen ein großes spirituelles Erwachen, das eine Reinigung des Stirn- und Kronenchakras mit sich bringt und sie wieder in eine Reihe mit dem Solarplexus stellt.

Der Solarplexus ist mit Verdauung verbunden. Für bestimmte Bereiche der Menschheit ist Gier zur Hauptmotivation geworden. Das Verdauungssystem befindet sich in chronischer Unordnung, so dass der Körper der Menschheit ernste Zeichen von Unbehagen und Krankheit aufweist.

Die Not der Dritten Welt ist eins der akutesten Symptome. Unser Planet verfügt über genügend Ressourcen, um allen, die ihn bewohnen, Nahrung, Kleidung und Schutz zu gewähren. Doch eine mangelhafte Verteilung zieht lebensnotwendige Organe in Mitleidenschaft. Lektionen des Wurzelchakras zu ganzheitlicher Ernährung und des Sakralchakras zum weisen Gebrauch von Macht werden nicht beherzigt.

Man muss Sorge tragen, dass das System keinem Stresskollaps erliegt. Die Öffnung des Zentrums für bedingungslose Liebe bietet die Möglichkeit, das Herz der Menschheit zu stärken und zu heilen.

Das Kehlchakra ist stark. Unsere Kommunikationssysteme sind hoch entwickelt und das Leiden lebenswichtiger Organe oder Glieder wird registriert. Wenn das Herz in die Lage versetzt wird, auf die von der Kehle artikulierte Botschaft zu reagieren, kann der Same der Hoffnung gepflanzt werden und keimen.

Die neuen Chakren verfügen auch über Kanäle zur Heilung. Die Basis bringt uns mehr in Kontakt mit unserem Privileg, als Teil der Bruder-/Schwesternschaft auf dieser Erde zu sein. Hara und drittes Auge liefern uns neue Energieressourcen und Perspektiven. Das dritte Auge wird auch helfen, das Stirn- und Kronenchakra wiederzubeleben. Das Alter-major-Chakra wird unsere Instinkte wecken und eine gemeinsame Reaktion auf die Alarmsignale ermöglichen.

Was beim Einzelnen beginnt, dringt zum Ganzen durch. Einer der wichtigsten – und auf subtile Weise machtvollsten – Anteile, den wir an der Neuordnung der Menschheit haben können, besteht in der Arbeit mit unseren Chakrasystemen. So leisten wir unseren Beitrag für ein vitaleres, gesünderes und spirituell harmonischeres Leben im Körper der Menschheit.

Glossar

Akasha
Es wird gewöhnlich als fünftes Element betrachtet. Man kann eine Weiterentwicklung feststellen von den fassbaren Elementen Erde, Wasser, Feuer und Luft zu den unfassbaren Akasha oder Äther. Es ist wie ein kollektiver, feinstofflicher Körper der Menschheit, der einen Abdruck enthält von allem, was jeder Einzelne, jede Gruppe, Familie oder Rasse jemals gedacht oder getan hat oder gerade denkt oder tut. Man schreibt ihm auch eine Verbindung mit den Ursprüngen von Klang und Farbe zu. Akasha ist mit dem vergleichbar, was der Psychologe C. G. Jung als das kollektive Unbewusste beschrieben hat.

Anima/Animus
Es handelt sich um Termini des Psychologen C. G. Jung. Ein wichtiger Teil unserer Persönlichkeitsintegration besteht darin, sich sowohl mit dem männlichen als auch mit dem weiblichen Prinzip zu versöhnen. Beide sind in jedem von uns präsent. Der innere weibliche Anteil eines Mannes wird *anima*, der innere männliche Teil einer Frau *animus* genannt.

Archetypen
Laut Wörterbuchdefinition handelt es sich um »von allen ererbte ursprüngliche Bilder«. Jede menschliche Gesellschaft muss sich mit Kräften wie Friede, Krieg, Schönheit, Gerechtigkeit, Weisheit, Heilung, Tod, Geburt, Liebe und Macht auseinander setzen. Das Wesen dieser Begriffe entzieht sich der Definition und wir brauchen Bilder, Mythen, Symbole und Personifizierungen, um ihre Tiefe zu ergründen. Die Tarotkarten, die alten Ursprungs sind, enthalten 22 personifizierte oder symbolisierte Archetypen in dem Großen Arcanum, das alle Aspekte der menschlichen Erfahrung berücksichtigt.

Astralebene/Astralkörper/Astralreise

Die Astralebene ist die Schicht, die auf die ätherische folgt. Sie ist ein komplizierter Bereich des Bewusstseins mit vielen Ebenen. Fast alle Traumerlebnisse finden auf der Astralebene statt. In einem veränderten Bewusstseinszustand ist es möglich, mit der Astralebene Kontakt aufzunehmen, was eine unmittelbare Veränderung der Gefühlswahrnehmung nach sich zieht. Ein Klient beschrieb sie auf folgende Weise: »Als ich an einem Punkt wusste, dass meine Bilder ein sehr realer Teil meiner inneren Welt waren, war ich der alleinige Schöpfer. Die Gestalten, denen ich begegnete, waren Teil meiner gegenwärtigen Persönlichkeit. Im Moment der Veränderung wusste ich, dass nicht nur mein Führer mir erschien, sondern dass auch ich ihm erschien.«

Die höheren Schichten der Astralebene enthalten Tempel der Heilung und ätherische Landschaften, die wir sicherlich nach dem Tod aufsuchen und in denen wir im Nachtodzustand verweilen.

Wenn wir mit rigiden Denkvorstellungen über diesen Nachtodzustand sterben wie z.B. in der Erwartung, dass wir mit einem vorher verstorbenen geliebten Menschen glücklich in einem Häuschen auf dem Lande mit Rosen vor der Tür leben werden, gehen wir erst eine Zeit lang in die mittlere Astralzone und erleben diese Idylle, bis wir bereit sind, sie loszulassen. Diejenigen, die sich aus dem Nachtodzustand durch Medien als dieselbe Person melden, die sie im Leben waren, müssen das von einer mittleren Astralebene aus tun. Höhere spirituelle Führer und Lehrer sprechen gewöhnlich von der Ebene des Fühlens oder von der Mentalebene aus.

Viele Menschen äußern den Wunsch nach Astralreisen und merken dabei nicht, dass sie schon in ihren Träumen zur Astralebene reisen. Meist möchten sie in ihren Astralkörper schlüpfen, um zu anderen Orten auf der materiellen Ebene zu reisen. Daran werden wir gehindert, weil eine solche Reise die Intimsphäre anderer Menschen verletzen könnte. Die Fähigkeit dazu kann jedoch entwickelt werden, und man sollte dazu einen spezialisierten Lehrer aufsuchen. Bei der Beschreibung von Nahtoderfahrungen wird häufig von einem Schweben über dem physischen Körper berichtet. Man schaut auf ihn herab, man weiß, was zu seiner Rettung getan wird und wer zugegen ist, aber man fühlt sich losgelöst und empfindet keinen Schmerz. In solchen Momenten ist das ganze Bewusstsein in den Astralkörper übergegangen, hält aber noch eine Verbindung zum physischen Körper.

Die niederen Astralebenen sind voller Denkmuster und Wesenheiten, denen man in Albträumen, auf schlechten Drogentrips, im Alkoholrausch oder während psychotischer Episoden begegnen kann. Erforscht man die Chakraenergien und geht achtsam mit ihnen um, besteht keine Gefahr, während der Meditation oder Visualisierung in diesen unangenehmen Bereichen zu landen. Solltest du diese Möglichkeit dennoch fürchten, so sprich mit einem spirituellen Berater oder Meditationslehrer.

Aura
Ein Energiefeld, das sich wechselseitig mit dem physischen Körper durchdringt und über ihn hinaus strahlt. Innerhalb der Aura herrschen unterschiedliche Schwingungsfrequenzen, die man als feinstoffliche Körper bezeichnet. Hellsichtigen zeigt sich die Aura voller Licht, Farbe und Schattierungen. Der geübte Heiler oder Seher findet in der Aura Hinweise zum spirituellen, geistigen, physischen und emotionalen Zustand des Individuums. Ein großer Teil der Aurafarbe und -energie wird durch die Chakren erzeugt.

Devische Wesen
Devas werden gelegentlich mit Engeln verwechselt. Sie sind gute, oft sehr große, leuchtende Wesen, die für Bäume, Felsen, Pflanzen, Tiere und die vier Elemente zuständig sind. Als Schutzgeister sind sie bemüht, das Gleichgewicht innerhalb jenes Reichs und zwischen der Menschheit und dem Reich der Natur zu erhalten.

Ego
Die präsente bewusste Persönlichkeit; was wir meinen, wenn wir »Ich« sagen.

Elementargeister
Winzige Energiewesen, die im Allgemeinen mit Pflanzen, Bäumen, der natürlichen Umgebung und den Elementen assoziiert werden. Den Sehenden erscheinen sie als Licht- oder Farbpunkte oder in traditioneller Feengestalt wie Nymphen, Luftgeister, Gnome, Elfen, Undinen.

Da die vier Elemente in unserem physischen Körper wirken und seine Gesundheit in beträchtlichem Maße bestimmen, gibt es also auch Elementargeister in und um uns. Heilende Energie aktiviert sie, uns zu Gesundheit und Harmonie zu verhelfen.

Elementargeister sind die niederste Manifestation in einer Hierarchie verschiedener menschlicher Bewusstseinsströme. Ihnen übergeordnet sind devische Wesen und Engel.

Engelwesen

Sie sind der direkte Abglanz göttlicher Bewusstheit. Als Mittler und Hüter tragen sie dazu bei, den göttlichen Plan auf der Erde zu manifestieren. Ihre Hierarchie umfasst Schutzengel, Erzengel, Cherubim und Seraphim.

Die Hierarchie oder der Lebensstrom der Elementargeister, devischen und engelhaften Wesen kommt aus der Sphäre der göttlichen Bewusstheit zur Erde, während der menschliche Bewusstseinsstrom, der auch die spirituellen Führer einschließt, sich auf die Wiedervereinigung mit dem Göttlichen hinbewegt. So ist die Hierarchie der elementar-, devischen und engelgleichen Wesen getrennt von der Menschheit. Spirituelle Wesen sind keine Engel und Engel nehmen wiederum keine menschliche Gestalt an oder menschliches Bewusstsein. Unsere Schutzengel sind also nicht mit unseren spirituellen Führern zu verwechseln.

Feinstoffliche Körper

Jenseits des physischen Körpers gibt es ein Aurafeld feinstofflicher Körper oder Energieschichten mit unterschiedlichen Schwingungen. Durch diese Körper werden Verbindungen mit dem umfassenderen Wesen aufrechterhalten und erinnert.

Im Tod leben die feinstofflichen Körper weiter und umhüllen den Geist auf seiner Reise ins Jenseits.

Die meisten Quellen stimmen in der Angabe von insgesamt sechs feinstofflichen Körpern überein. Zählt man den physischen Körper hinzu, spricht man von sieben Körpern. Die Terminologie variiert hinsichtlich ihrer Namen. Im vorliegenden Buch tragen sie vom physischen Körper ausgehend folgende Namen: ätherischer Körper, Astralkörper, niederer Mentalkörper, höherer Mentalkörper und der kätherische Körper (auch Seelen- oder Kausalkörper genannt). Ein Teil des Kausalkörpers ist mit dem Alter-major-Chakra verbunden und nennt sich niederer Kausalkörper.

Inneres Kind

In jedem von uns gibt es ein kindliches Selbst mit vielen Aspekten. Wenn unsere Kindheit traumatisch war, wird das kindliche Selbst verwirrt und bedürftig sein und geheilt werden müssen. Hat diese Arbeit Erfolg, kann der Geist des inneren Kindes mit seiner Wahrhaftigkeit, Natürlichkeit, Spontaneität und Kreativität befreit werden. Wir können Unschuld und Weisheit als Einheit erkennen und unser wahres Selbst wieder entdecken.

Karma

Das spirituelle Gesetz von Ursache und Wirkung (das sich einer knappen Definition widersetzt). »Wie du säst, so sollst du ernten« gibt einen Grundgedanken wieder. Der Glaube an Karma geht einher mit dem Glauben an Reinkarnation und an ständige persönliche Weiterentwicklung. Es gibt eine Tendenz, Karma als etwas Problematisches zu betrachten, das im Verlauf einer bestimmten Lebenszeit überwunden werden muss. Doch Begabung und angeborene Weisheit sind beispielsweise positive karmische Attribute.

Kirlianfotografie

Eine in Russland entdeckte elektrische Form der Fotografie. Sie macht es möglich, das Energiefeld von Menschen, Tieren, Pflanzen, Mineralien, Nahrung etc. zu registrieren und wie in der traditionellen Fotografie abzubilden. Auch die Farben der Aura und des Energiefeldes werden auf einer Kirlianfotografie sichtbar. Geübte Beobachter und Interpreten können anhand der Bilder Diagnosen zur körperlichen, geistigen und seelischen Gesundheit stellen.

Psyche

Analytische und transpersonale Psychologie haben die Komplexität der menschlichen Persönlichkeit dargelegt. Die Psyche umfasst das gesamte menschliche Wesen mit all seinen Trieben, Bedürfnissen, Konflikten, Krankheit und Gesundheit, Begabungen und Potenzialen.

Rechte/Linke Hirnhälfte

Der aktivste Teil unseres Gehirns gliedert sich in zwei Hemisphären. Die linke Hirnhälfte kontrolliert die rechte Körperseite und umgekehrt. Die linke

Hemisphäre ist für das kognitive Lernen zuständig wie Sprache, Fakten, Zahlen und abstraktes Denken, die rechte Hemisphäre für eher imaginative Funktionen wie Kunst, Symbolik, Träume, Intuitionen und die autonomen Körpersysteme. Die Bilderwelt der rechten Hirnhälfte stellt demnach ein wertvolles Werkzeug zur Selbstheilung dar.

In der westlichen Welt werden die Funktionen der linken Hirnhälfte tendenziell höher bewertet. Das Ideal wäre eine Koordination beider Hirnhälften sowie die Fähigkeit, die Vorzüge einer jeden willentlich abrufen zu können.

Schatten

Der Teil des Ichs, den wir nicht ins volle Bewusstsein integrieren, der unbewusst, undefiniert, formlos, dunkel, verschattet und begriffslos ist. Das Unbekannte.

Transpersonale Psychologie

Das Wörterbuch bietet für das Wort »Psychologie« die Bedeutung »das Studium des menschlichen Verhaltens«. Das bedeutet auf wissenschaftlicher Ebene das tatsächliche Studium menschlicher Reflexe, Mechanismen des Lernens, von Wahrnehmung, Bedürfnissen, Trieben etc. Zahlreiche Schulen der Verhaltenspsychologie gehen aus diesen Studien hervor.

Transpersonale Psychologie befasst sich sowohl mit den spirituellen Bedürfnissen und Sehnsüchten der Menschen wie mit ihrem Verhalten. Sie betont die Notwendigkeit, einen Lebenssinn zu finden und in seinem Leben und seinen Beziehungen kreativ und erfüllt zu sein.

Yin und Yang

Es handelt sich um chinesische Worte für grundlegende, jedoch entgegengesetzte Aspekte der Schöpfung. Yin ist empfangend, weiblich und dunkel. Yang ist aktiv, männlich und hell. In dem traditionellen Yin-Yang-Symbol schmiegen sich eine schwarze und eine weiße fischähnliche Form zu einem vollkommenen Kreis aneinander. Das Auge der schwarzen Form ist weiß und das der weißen schwarz, was darauf hindeutet, dass der Keim eines jeden auch im anderen enthalten ist.

Über die Autorin

Ruth White leitete zahlreiche Workshops in England und anderen europäischen Ländern. Sie veranstaltet auch – jeweils in London – eine 18-monatige Ausbildung für Heiler sowie einen einjährigen Trainingsleiterkurs. Nähere Informationen sind erhältlich über:

Dragon House
57 Sutherland Square
Walworth
London SE17 3EL

Kassetten mit von Ruth gesprochenen Meditationen für jedes Chakra (in Englisch) sowie Klangaufnahmen von Susannah Tyrell sind zu beziehen über:

Mosaic
36 Dundonald Road
London NW10 3HR

Weitere Einzelheiten werden auf Anfrage (in Englisch) mit Preisliste zugeschickt.

Anfragen an den Synthesis-Verlag in deutscher Sprache (auch e-mail) werden weitergeleitet. Lassen Sie uns bitte wissen, wenn Sie Interesse an Seminaren im deutschsprachigen Raum haben.

Peggy J. Jenkins
Spiritualität für Kinder und Eltern
Viele Eltern möchten das spirituelle Bewusstsein ihrer Kinder entfalten, finden aber keine praktischen Anleitungen dazu. Dieses Buch bietet eine Vielzahl von einfachen Lektionen, und jede kann man in weniger als 10 Minuten mit den Kindern ausführen.
160 S., kart., ISBN 3-922026-86-9

Thomas Armstrong
Ich bin Seele, Geist und Körper
Die Spiritualität des Kindes
Vorwort von Chris Griscom
Inhalt: • Die verborgene Seite der Kindheit • Die Arten außernormaler Erfahrung in der Kindheit • Das Kind als Selbst: ein psychologischer Ansatz • Das Kind im Exil: ein mythologischer Ansatz • Das Kind als Seele: ein metaphysischer Ansatz • Das Kind als Heiler • Das Spektrum des Bewusstseins in der Kindheit • Kindern auf außernormalen Ebenen helfen • Engel oder Bengel? Das ganze Kind ansprechen • Transpersonale Literatur für Kinder • Literaturempfehlung zur Spiritualität des Kindes
256 S., kart., ISBN 3-922026-59-1

Helmut G. Sieczka
CHAKRA-Harmonie
Das Wiederfinden der Lebensfreude und Glückseligkeit
Die Chakren sind die Hauptzentren der menschlichen Vitalenergie. Ihr harmonisches Zusammenspiel ist verantwortlich für die organische und psychische Gesundheit, aber auch für das geistige und spirituelle Wachstum eines Menschen. Durch bewusstes Atmen kann jedes einzelne Chakra gereinigt und neu aktiviert werden. Die Harmonisierung der feinstofflichen Energiezentren durch regelmäßiges Chakra-Atmen unterstützt die Vitalität und stärkt die Abwehrkräfte.
96 S., kart., ISBN 3-922026-80-X

Helmut G. Sieczka
CHAKRA-Harmonie (Video)
Harmonie und Energie durch Atem- und Körperübungen
Dieses Videotrainingsprogramm ist eine Abrundung und Komplettierung für Ihr persönliches Chakratraining. Alle Übungen werden anschaulich vorgeführt. Es sind wunderbare, meditative Bilder und Übungen, die Sie begeistern werden.
Video VHS, 48 min., ISBN 3-922026-77-X Video

Helmut G. Sieczka
CHAKRA – Harmonie und Energie durch bewusstes Atmen (MC/CD)
Chakra-Atmen ist geeignet, körperliche und psychische Spannungen zu lösen, die Selbstheilungskräfte anzuregen und eine kraftvolle Ruhe und Klarheit für das tägliche Leben zurückzugewinnen. Spieldauer 2x 39 min.
MC: ISBN 3-922026-67-2 MC; CD: ISBN 3-922026-68-0 CD

David V. Tansley
Die Aura des Menschen
Dieses Buch leitet uns an zum Erwecken unserer latenten Fähigkeiten, die Aura zu sehen, zu fühlen und zu interpretieren; es zeigt, wie wir das noch weitgehend ungenutzte Potential der Aura für Medizin und Heilarbeit entfalten können.
240 S., Abb., kart., ISBN 3-922026-60-5

David V. Tansley
Aura, Chakren und die Strahlen des Lebens
Heilen erfordert ein tiefes Verständnis der Chakren der feinstofflichen Körper und insbesondere der Strahlen des Lebens. Dieses Buch bietet die Grundlageninformationen, auf die Therapeuten und Praktiker bauen können, nicht nur in der Radionik, sondern auch in der Sozialarbeit und -beratung, der Psychologie, Medizin und Heilung.
240 S., kart., ISBN 3-922026-61-3

JEMANDEN LIEBEN,
DAS HEISST,
IHN ZUM LEBEN
FÜHREN,
SEIN WACHSTUM
HERAUSFORDERN.

– Die Essenz unseres Verlages

Weitere Informationen zu Büchern und Seminaren erhalten Sie von:

SYNTHESIS
Postfach 14 32 06 · D-45262 Essen · Fax 02 01 - 51 10 49
e-mail: Synthesis@Synthesis-Verlag.com · www.Synthesis-Verlag.com